JN439200

신원확인

오경자 수필집

교음사

부친 오해건 (1950년 납북직전)

모친 정하경(1968년작고 직전)

부모님 혼인사진

가족사진

오빠품에 안긴 필자(1942년 어느날)

필자의 돌사진(1943년 2월)

군수시절의 부친

경성여상시절의 모친

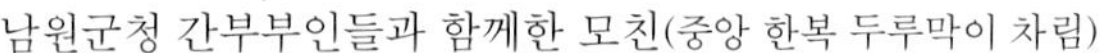

남원군청 간부부인들과 함께한 모친(중앙 한복 두루막이 차림)

당시 신사에서 혼례식을 강요하던 시절에
전통혼례식을 치른 오빠

전주여고 대표로 웅변대회에 출전한 필자(1959)

전주여중 졸업식 송사하는 필자(1957. 2.)

전주여고 학도호국단 대표로 경무대를 방문한 필자

견습기자 교육을 마치고(기자협회 주관 /신문회관) 앞줄 오른쪽에서 두 번째가 필자

국민포장 받는 필자(2014년 7월 여성지위향상공로)

저동2가 14번지 옛집 대문자리에 선 필자

필자의 수필문학 등단식날 남편과 함께

신원확인

한 시대의 역사는 모두의 것이기에

나는 한국전쟁 중 북으로 강제 납치된 6·25 전쟁 납북인사의 외동딸이다.

통한의 세월 60년을 훌쩍 넘긴 후이긴 하지만 늦게나마 대한민국정부는 '6·25전쟁납북자'를 공식 인정해서 역사에 기록하는 작업을 시작하였다. 이번 결정과정에서 1950년 전쟁 당시 아버지의 피납사실을 정부가 이미 확인하고 기록하여 두었음을 알게 되었다. 순조롭게 정부의 납북자 결정통보를 받을 수 있어 그나마 큰 위로가 되고 반분이나 풀린 기분이었다. 일찍이 정부가 아버지의 행적에 대한 파악을 해놓고 있었다는 사실을 확인한 순간 그동안 망각되어 내팽개쳐져 있었다는 상실감과 분노 하나는 덜 수 있어서이다.

20세기 한반도에서 일어난 일제 침탈, 강점과 광복 이후 좌·우익의 이념대립에서 마침내 한국전쟁이라는 동족상잔의 비극으로 이어지는 상황에서 무고한 시민의 신분이 어이없이 피납 인질로 급강하고 그의 지어미는 평생을 북녘하늘만 바라보며 피눈물을 쏟아야 했다. 이분들의 한많은 일생을 회고하며 대신 기록해 드리는 것으로 이번 결정 받으심에 대한 기념사를 대신하고자 한다.

나의 아버지는 일제강점기하의 서글픈 망국인 관료로 살았지만 주어진 여건하에서 최대한 한민족의 자존을 지키고 우리의 전통문화와 유산을 수호하고자 부단히 노력하였다. 창씨거부, 척왜비 훼파명령 불이행 등의 소신이 드디어 해직으로 돌아왔다. 식민지 관리라는 한계상황에서나마 이렇게 발버둥쳤던 한 인간의 고뇌에 찬 행보를 기록하는 것은 딸이라는 개인적인 도리를 넘어 한 시대를 살아가는 사람으로서 후대에 남겨야 될 준엄한 의무라고 생각한다. 이번 정부의 확인 결정 작업으로 격동의 시대 소용돌이에 휘말려 내동댕이쳐진 운명에 대하여 얼고 엉겨 붙은 회한이 조금 풀린 느낌이다. 다소나마 마음의 짐을 덜었다는 생각에 대한민국 정부에 감사드린다.

부모란 누구에게나 가장 훌륭한 사람으로 보일지도 모른다. 그 부모가 천수를 누리고 떠나면 긴 세월동안의 부대낌으로 해서 존경심이 좀 희석되기도 하겠지만 일찍 여의고 나면 그리움과 아쉬움에 더 높아 보이고 위대해 보이기까지 할 수도 있다. 바로 내가 부모님에 대해 이런 미련을 갖고 있는지도 모른다. 열 살도 안 된 나이의 아이 눈에 비친 아버지의 모습은 우상으로 박제 되어 있고 어머니는 스물일곱에 여의였지만 물고 있던 젖꼭지를 놓친 기분이다. 그 어른들의 이야기를 소설로 써보고 싶은 유혹은 아직도 떨치지 못하고 있지만 나이가 들면서 부모님을 대신해서 일대기를 작은 글로써나마 써드리는 것이 글을 쓰는 딸로서 마땅히 해야 할 조그만 효일 것 같다는 생각을 막연히 해오던 터였다. 오빠가 10여 년 전에 아버지의 자료들을 정리해서 넘겨주면서 자신이 미쳐 못하고 나이가 들었으니 이제 글을 쓰는 네게 이 일을 맡길테니 아버지 책을 엮어드리면 좋겠다는 숙제를 주고 5년 전 타계하셨다.

일상사에 휘둘려 미루고 있던 숙제를 이제는 서둘러 해야겠다는 생각으로 정리를 시작했는데 마침 남원시청에서 아버지에 관한 자료들을 구한다는 연락이 왔다. 국사편찬위원회가 일제 강점기하의 향토사 발굴 정리 사업을 위해 각 지방에 관련 자료들을 수집 정리해 제출하라는 요청에 따른 조치였다. 그 연락을 받고 용기가 생겼다. 개인의 이야기를, 아버지가 크게 유명인사도 아니어서 국민들이 다 아는 사람도 아닌데 본인도 아닌 딸이 자료에 근거하여 일생의 일을 기록한다는 것이 무모할 수도 있다는 그간의 생각이 일대 전환을 하는 순간이었다. 불행했던 한 시대를 산 사람으로서 어려운 여건하에서 지방행정 일선에서 수장으로서 최선을 다해 민족의 문화유산과 얼을 지켜내려 했던 아버지의 고뇌에 찬 행적을 그대로 묻어두는 것은 자식된 도리만이 아니라 국민의 한 사람으로서, 이 땅에 태어나 사는 후손의 한 사람으로서도 할 도리가 아니라는 생각이 용기의 근원이었다.

역사란 있는 그대로 기록되고 평가는 후시대 사람들이 내리는 것이라면 나는 우리가 지니고 있는 자료와 그동안 내가 듣고 보아온 일들을 성실히 기록해내면 된다는 결론에 이르렀다. 내 부모의 일을 세상에 드러내고 미화해서 자신의 마음을 좀 달래보려는 치졸한 생각이 아니라 역사를 기록하지 않으면 안 된다는 사명감 같은 것이 이 글을 쓰도록 등을 떠밀었다 함이 솔직한 고백이다.

6·25때 납북된 아버지를 19년 동안 혹시나 하는 가녀린 희망 줄을 잡고 살다 가신 어머니의 탄생 100주년에 맞춰 책을 펴내 드리고 싶었는데 뒤늦게 자료 확인에 열을 올리다 보니 좀 늦어졌다. 무리하게 날짜에 맞추는 일이 아무 의미가 없다는 생각이 들어 마음 편하게 천천히 집필을 계속했다.

글을 써내려가는 중에 메모나 기록이 없는 것은 분명히 여러 번 들은 일인데 정확한 날짜나 사건 경위 등이 자꾸 헷갈리는 일 때문에 확인하느라 시일이 좀 걸렸다. 아버지가 자신의 자리를 걸고 지켜내려 애썼던 황산대첩비는 결국 아버지 해직 후에 일제가 기어이 훼파해 버렸으나 그 지키려한 과정이 중요한 역사적 사건이라는 생각에서 자세히 기록하였다. 하지만 그런 내용들이 모두 공적(公的)문서로 남아있지 못해 못내 아쉬웠으나 오빠가 남겨 준 자료들을 중심으로 기록하고 그것들을 첨부하였다.

좁게 보면 개인의 가족사 같지만 넓게 보면 한 시대의 응축된 역사라고 생각하여 솔직하게 기술하였다. 자료를 정리해서 남겨주고 귀한 숙제를 주신 오라버님께 감사의 큰절을 올리며 사랑하는 부모님 영전에 이 책을 바친다. 이제 분노와 설움에서 헤어 나오시기를 바란다. 나라의 진실된 역사 한 토막을 열린 마음으로 진지하게 읽고 식민지의 한 관료가 행정 일선에서 어떻게 민족적 자긍을 지켜나가려 애쓰며 지혜를 다 짜서 일했는가를 진심으로 이해해 주기 바라면서 독자들에게 감히 일독을 권하는 바이다. 아버지의 당당한 역사지킴이의 모습과 어머니의 가엾은 생애를 통해서 이 나라 역사의 진실 한 토막을 이 책이 세상에 널리 전하고 기억되게 할 수 있기를 바라며 슬픈 나의 가족사를 만천하에 공개한다.

역사적 진실 확인을 위해 큰 관심을 갖고 애써 주신 남원시청 최동열 문화계장님을 비롯한 관계자와 전주문화원 관계자 여러분과 한문 번역을 감수해주신 최윤옥 선생께 감사드린다. 주저하고 갈등할 때 책을 쓰도록 격려하고 자료를 함께 검토하며 용기를 주신 강석호 한국수필문학가협회 회장님의 후의에 큰절을 올린다. 여러 가지 자료들을 잘 편집해 주신 교음사 강병욱 발행인께도 고마운 인사를 드린다.

아버지, 어머니 잘못된 부분이 있거나 이 일 자체가 마음에 들지 않거든 용서하시고 흐뭇하거든 웃으시며 이제 한의 줄을 놓으시고 편안히 영면하시기를 바라옵니다.

2014년 9월 4일

64년 전 1950년 아버지가 납북 되던 바로 그날

덕산 서재에서 불효녀 경자 올림

오경자

신원확인

1부 황산은 알고 있다

2부 깨어진 꿈, 민족의 아픔

1부

황산은 알고 있다

나라는 잃었지만 관리의 길로

1897년 2월 5일(음) 전라도 만경군(현재 전북 김제군) 오인호(해주 본) 선생 댁에 경사가 났다. 누대를 외아들로 내려오던 집안에 또 아들이 태어난 것이다. 아버지 오해건(吳海建)은 이렇게 3남 9녀, 12남매 속에서 건강하게 자라갔다. 하지만 영아 사망률이 높던 시절이라 할머니 풍천 임씨는 4명의 자녀를 잃어 아버지는 결국 1남 7녀, 8남매중의 외아들이 되었다. 상황이 이렇다 보니 부모님의 사랑은 말할 것도 없고 누님들의 사랑 또한 한껏 받고 어린 시절을 보냈다.

1897년이면 2년 전 을미사변으로 국모를 잃고 조선은 깊은 수렁 속으로 빠져들어가는 형국이었고 일본은 자신들의 조선병탐 야욕을 신속히 진행시키느라 기고만장하고 있을 때였다. 19세기말 혼돈의 정국 속에서 나라의 운명은 풍전등화였으나 백성들은 일상생활을 그런대로 이어가면서 나름대로 장래의 꿈들을 키워가고 있었다.

유학자이신 할아버지는 아버지를 열심히 가르치고 영특한 아버지는 근동에 신동이 났다는 찬사를 받으며 과거급제의 꿈을 안고 열심히 공부했다. 할아버지가 출타하시면 돌아오실 때까지 문밖에서 기다리는 등 범상찮은 어린애를 할아버지는 목마 태우고 당시의 동헌 담장을 돌며 너는 커서 꼭 이 집에 살아야 된다고 아들에게 이르며 장래에 대한 꿈을 불어 넣었다.

하지만 아버지가 14살 되던 해인 1910년 우리나라는 경술국치를 당해 나라를 잃어버렸다. 하루 아침에 망국 백성이 된 아버지는 과거급제의 꿈이 산산이 깨어지는 아픔을 겪으며 암담한 앞날을 생각하고 깊은 시름에 빠진다. 어찌 아버지 한 사람의 아픔이었겠는가? 민족이 다 함께 겪는 고통이요, 설움이었다. 이런 아들을 지켜보던 할아버지가 아버지를 불러 앉히고 운을 떼셨다.

"나라를 잃었으니 사내로 태어나 나라를 구하러 독립운동의 길을 걸을 결심이라면 부모 걱정은 말고 이 땅을 떠서 넓은 곳에 나가 나라 찾는 일에 몸을 바쳐라. 그럴 생각이 아니라면 허송하지 말고 생활인으로 살아갈 방도를 찾아야 하니 길을 정하고 열심히 준비를 해서 살 궁리를 해야 할 것이다. 네 갈 길은 네가 택해라."

아버지는 깊이 고민해 보았으나 나라를 찾으러 망명을 결심하기에 14살은 너무 어린 나이였다. 아버지는 비록 내 나라를 잃긴 했지만 그 상황 하에서 열심히 살아가기로 결심하고 공부를 시작했다. 부모님을 대책 없이 버려두고 갈 수 없는 효심 때문이었다. 망국의 소년이 앞길을 생각하며 선택할 수 있는 길은 그리 많지 않았다. 월급쟁이로라도 살아갈 결심을 할 수밖에 없었다. 우편국에 취직해서 생활인의 길을 걸으면서 주경야독으로 실력을 쌓아나가다가 20살 되던 해에 서울에 올라가 판임관 시험(보통문관 시험)을 보고 합격하여 관리의 길을 걷게 된다. 전라북도내 지방관서에서 일선행정을 익히고 전북 도청의 여러 부서를 돌며 행정 경험을 넓혀 나갔다. 주로 지방과에서 오래 근무한 후 32살에 임실 군수를 시작으로 지방 수령(守領)이 되어 한 고을을 이끌며 뜻을 펴기 시작한다. 그 다음 자리가 김제 군수였으니 할아버지의 꿈을 이루어드리는 효자가 되었다.

우뚝 선 봉황대

임실 군수에 부임한 아버지는 비록 나라 잃은 백성이지만 우리의 문화만큼은 지켜나가야겠다는 일념으로 행정의 주안점을 관내의 문화유적들을 보존하고 유림을 격려하여 우리의 얼을 지켜나가는 일에 열중하는데 두었다. 임실은 의병이 강하게 항쟁했던 곳이고 여섯 선비가 육우정을 짓고 은둔하는 등 선비의 뿌리가 깊은 고장이다. 1932년에 부임한 아버지는 을해년(1935년)에 봉황산에 봉황대를 세운다. 아버지가 부임한 이듬해인 1933년에 홍수가 나서 송덕비들이 많이 쓰러지고 무너진 것을 다시 세우려고 고심하며 준비하던 중 독지가의 재정적 지원과 지역 유지들을 비롯한 유림의 도움으로 큰일을 해낸 것이다.

관내에 흩어져 있는 역대 수령들의 송덕비와 기록들을 한데 모아 세우고 봉황대라 일컫는 제막식에서 고원훈 전라북도 지사는 직접 참석하여 그 사업의 큰 의의와 아름다운 경관과 봉황대를 설치한 아버지(오해건 군수)의 업적을 치하하는 글을 남겼다. 봉황대 기문은 군수로서

아버지가 세운 봉황대 앞에 선 필자

그 일을 이루어 낸 아버지가 짓고 글씨는 당대의 명필 설송 최규상 선생이 썼다.

그 기문에서 아버지는 이런 내역을 소상히 쓰고 그 공로를 치하드리고 있다. 아름다운 지난 일들을 기억하고 기리는 것이 얼마나 아름답고 귀한 일인가 하는 것과 그런 일에 재물을 쾌척해 준 후의에 감사하며 자신에게 공을 돌리는 사람들을 향해서는 오직 훗날 사람들의 평가에 맡기겠노라며 몸을 낮추고 있다. 또한 그 기문 말미에 아버지는 자신을 임실 군수라 하지 않고 '해주 오해건' 으로만 표시하는 겸양지덕을 보였다.

우리 유적들을 눈의 가시로 알았을 일본인들의 지배하에 있는 상황을 감안해 볼 때 그런 일을 한다는 것이 얼마나 큰 용기를 필요로 했겠는가? 자신이 그 일을 하는 것은 군수로서라기보다 이 민족의 후손으로서 당연히 해야 할 일을 시행할 만한 자리에 있음으로 했을 뿐이라는 것을 기문에서도 밝히고 있다. 지금도 그 비가 그대로 남아 있는데 아버지의 깊은 뜻이 우러러보여 더욱 가슴을 저리게 한다.

지금은 충혼비가 함께 관내에 서 있으며 봉황대는 구석에 서 있는 기분이고 푸릇푸릇 이끼 같은 것이 눈에 띄어 마음이 처연하다. 송덕비들이 가득 서 있었을 것 같은데 웬일인지 몇 기 밖에 없어 텅 비고 쓸쓸해 보인다. 세월은 역사도 함께 끌어안고 스러져 가는 것인가? 아버지가 계셨으면 저렇게 두지는 않았을 것 같기도 해서 씁쓸하고 아버지께 죄송하다. 기문 말미에 새겨진 '해주 오해건' 다섯 글자만 아버지를 만난 듯 자꾸 쓰다듬고 서있는 나는 어느새 9살 소녀로 돌아가 아버지의 수염 볼에 얼굴을 부비고 있다. 더운 눈물이 볼을 타고 흐르는데 무심한 여름 태양은 등을 흥건히 적시며 얼어붙은 가슴을 이제 그만 녹이라고 속삭인다. 성수산 기슭 계월에 누워 있는 어머니가 자주 건너와 아버지의 이름자를 만지고 갈 것 같아 어머니가 할아버지 발치에

아버지가 지은 봉황대 기문이 새겨진 비석(뒷면)

기문을 지은 해주 오해건으로만 기록된 부분

유택을 옮겨 오게 된 것도 우연한 일이 아니라는 생각이 든다.

내가 태어나기 전 일이고 아버지가 자신의 삶을 자서전으로 펴낼 겨를도 없이 6·25 전쟁으로 납북되는 바람에 또 다른 자세한 업적들을 찾아 볼 길 없어 아쉽다. 난리를 겪으면서도 다행히 살아남아 준 몇 가지의 자료들을 모아서 소개 할 수 있어 그나마 다행으로 위로 받을 수밖에 없는 형편이다.

吳使君之杜陵 오군수를 만경에 보내며

來暮吾侯去暮春 늦봄에 왔던 군수 늦 3월에 떠나고
江風綠像錦衣新 강바람 푸른 영상 비단 옷빛 새롭다
賢仁非路二千石 어진이는 고관녹을 바라지 않음이라
鍾祿還添南北人 받은 돈 다 돌려 백성들께 보탠다
雲水山川開活畵 임실 산천은 산 그림으로 피어나고
杜陵花鳥說前塵 만경 꽃과 새는 속된 과거 말한다
一年未借寇君道 일년만 정치 잘 한 구순처럼 말리면 좋을 걸
再到潁川願更親 두번 가는 영천에서도 다시 친하기 바란다

一別後 杜門不出 忘拙構呈 覽笑後 付丙焉
　　한 번 이별한 뒤에 밖에 나가지 않고 나를 잊고 써 보내니
　　보고 웃으면서 불로 태워 버리라

烏川悵別屬殘春 오천의 슬픈 이별 늦은 3월이고
遠樹茫茫誰與親 먼 숲 망망하여 누구와 친할 건가
西來幾奏陽關曲 서에 와서 몇번이나 친구 이별 노래할까
東望遙憐撫琵人 동쪽으로 이웃을 바라 비파를 어루만진다
雲水四年多惠澤 임실에서 사년 넘게 은혜 많게 베풀었고
杜陵當日掃腥塵 두릉에 있을 때도 속된 세상 깨끗이 했다
富貴吾鄕增秩去 우리 시골 부자로 만들고 영전하여 떠나가니
雙旌五馬錦衣新 쌍기 들고 많은 말 몰고 비단 옷도 새롭다

– 임실을 떠날 때 받은 송시

아버지는 임실에서 유림들과 시문회를 조직하여 시문을 지어 나누며 교유하였다. 이런 행보는 아버지의 임지 3곳에서 모두 이어져 왔다. 임실을 떠나 김제로 부임해 가는 아버지를 임실의 유림들이 아쉬운 마음을 글에 담아주며 애석하게 배웅해 주었다. 그 분들은 아버지의 초취부인 전주 최씨에게 효행상의 영광을 안겨준 분들이기도 했다. 아버지는 재주와 관운의 복 위에 처복도 타고 나셨던 모양이다. 더 유임했으면 임실이 매우 발전할 것인데 더 좋은 곳 김제군으로 승차해 가니 말릴 길이 없다는 따뜻한 석별의 정을 담고 있는 송사를 소개 한다.

• 고원훈 지사의 글

豐沛之南 維伯維侯 勤碑建閣 顛沛散亂
雲水古鄉 遺愛茲邦 思詠甘棠 厄劫滄桑
士民胥憂 有山鄉止 如飛如舞 中有平巒
保存無方 其名鳳凰 千仞翱翔 軒窓眺望
列嶂拱揖 太宇有心 踈財樂善 築土成臺
大川指長 乃闢天藏 惟金鳳閣 環石為墻
序立衆碑 觀瞻載新 有地有人 如今視昔
用表舊章 與感過常 其壽其昌 咏保無疆

鳳凰台碑文

全羅北道知事 高元勳

봉황대 제막식에서의 전라북도 고원훈지사의 축사 원문

번역 : (고원훈 지사의 글)

전주의 남쪽은 운수라는 옛날 임실이다.
군수며 현감으로 이 땅에 사랑으로 남긴 것
비에 새기고 정자를 세워 생각하며 신성한 뜻을 읊었으나
잠깐새 헤치고 흩어져 상전이 벽해로 변하듯이 바뀌니
백성들이 보존할 방법이 없음을 서로 근심 하였다.
산은 우러러 그칠 데가 있으니 그 이름 봉황대로다.
나는 듯 춤추는 듯 천길 위에 맴돈다.
가운데는 평평한 언덕 산이 있어 활달하게 바라볼 수 있다.
봉우리들 줄지어 절하는 듯 하고 큰 내는 길게 안아 흐른다.
군수가 깊이 생각 끝에 좋은 곳을 개발 하였다.
재산을 아끼고 착한 일을 즐기더니 봉황의 언덕을 치장 하였다.
흙을 쌓고 대를 이루며 홱 둘러 담장을 이루고
모든 비를 차례로 세우니 옛날의 영광을 볼 수 있게 한다.
보기만 해도 금세 새롭고 흥이 남이 보통이 아니다.
땅이 있고 사람이 있으니 그들 함께 창성하여 오래 가거라.
지금 옛날을 보는 듯하니 무한히 보존하기를 읊조리노라

• 봉황대 기문

嗟夫前人之盛德美績必記之誦之以圖其
永傳而不泯者不惟不忘其遺愛欲使後來
者仰其德而趾其美也然其始也勒之金石
建閣而庇之不爲不備而其終也歲久傾頹人
無修葺之力地有滄桑之變漶漫殆盡者
十居八九是曷故焉凡物之興廢隨時無常
而必得有志之人無憂之地然後庶可保其
永壽也雲水古縣也俗尚淳厚多有好古樂
美之士歷代候伯之盛德美績普皆勒碑建
閣鄰比于邑之左右以寓去思之意且備後來
之觀隨毁隨補其來久矣近因風潮日激民情
多艱不遑念及于此遂爲風雨所侵閣頹碑傾
便成荒墟無復舊日之觀瞻使行路咨嗟可勝

惜哉前宰金公奉斗慨然于此詢議于鄕之人士
以其散在而莫收不若聚合而共保乃並移于邑
前市街之傍始免其顚倒觀者稱善不尙茲之
明年不幸為洪流之汎濫邑民是憂乃築堤而防之
水則遠矣碑則失所矣又明年待民憂稍紓公過之
暇相地于鳳凰山之腰見山勢稍平可以拓而擴之去
地稍高必無汎濫之患且其眺望軒豁長川如帶
諸山如幛寔靈水之勝區也若設為園基臺移碑于
此則足以四時遊賞寓目興感可謂兩全而雙
美也而顧立有地無力可施以是之憂何幸邑之
士人鳳岡金琮熙氏素有好古樂善之志每踈財
於公益聞此欣然而起捐巨金而擬之余感其誠
意遂躬董其役築土為基臺用石為門不數月而
功告竣乃移衆碑奉年代定序次環立于四圍於

是乎觀瞻截新興感尤深余益信物之興廢雖曰
無常而其所以永保之榮豈在乎得人與地也乃言
于衆曰余則只述前人之遺跡而已不知明年又在
何處而郡之人士伏待有好古樂善如金氏者繼而
擴之則此臺之壽可期而吾願可遂也然既有其臺矣
不可無命名顧聞僉意僉曰昔諸君子之來位是
邦如鳳凰之儀其精采照耀當世至使後來者仰
其德而趾其美也今使君之卜地于此亦有所不謀
而相符者請名之以鳳凰臺余笑曰仰德趾美不肖
之所不敢而僉意有在姑從衆以俟後來者

[illegible]年乙亥二月 日 海州 吳海建記

번역 : (봉황대 기문)

오오라 앞사람의 성덕과 아름다운 행적은 반드시 기록하여 칭송하고 그것이 영원히 전해져서 없어지지 않도록 해야 하는 것은, 오직 남기신 애착을 잊지 않을 뿐만 아니라 뒷사람으로 하여금 그 덕망을 숭상하고 그 미덕의 자취를 느끼게 하기 위함이라.

그런 일을 함에 있어 처음에는 힘써 비를 세우고 전각을 세워 보호하여 갖추지 아니함이 없지만 결국에는 세월이 오래 되어 기울어 무너짐에 사람이 수리하고 다스릴 힘이 없는데다가 지형마저 상전이 벽해 되듯 하여 자취조차 거의 없어지는 경우가 십중팔구이니 이 어인 연유인가! 세상 모든 물건은 다 흥패의 때가 있어 세월 따라 변하기 마련이니 잘 돌보아야 하나, 뜻이 있는 사람과 안전한 땅이 마련된 뒤에야 그런 일, 영원한 보전이 가능한 것이다.

운수는 오래된 고을로 풍속은 순후함을 숭상하며 옛것을 좋아하고 미덕들을 즐기는 선비들이 많은 곳이다. 역대 현감들의 성덕과 미적들이 많아 두루 다 비에 새기고 전각을 세워 조성하기를 힘써서 읍의 좌우에 즐비하게 줄 지어 서 있으니 이로서 생각하는 뜻을 표히고 후대에도 볼 수 있게 하였으며 망가지면 바로 보수해 가면서 내려 온지 오래되었더니라.

그런데 근래에 세상 풍조가 날로 들끓고 백성들 살림이 날로 어려워짐으로 인해서 이런 데까지 생각이 미칠 겨를이 없어, 종국에는 비바람까지 침범하게 되어 집은 이지러지고 비는 무너져서 금세 황폐한 터가 되었다.

다시는 옛날처럼 우러러 볼 수 없게 되어 길 가는 사람들로부터 한탄이 절로 나오게 되었으니 어찌 애석함을 금 할 수 있겠는가? 전임 김봉두 원님이 개연히 이에 탄식하고 군내 인사들에게 물어 의논하기를, 이들이 흩어져 있어서 거두어들일 수 없게 되는 것 보다는 한데 모아 보존하는 것이 좋겠다고 하고, 마침내 읍 앞의 시가 곁에라도 옮겨 비로소 그 무너짐을 면하게 되었으니 보는 이들이 더 없이 그 선행을 칭찬하였다.

내가 이 고을에 부임 한 이듬해에 불행하게도 홍수가 범람하니 읍 사람들이 이를 근심하여 방조제를 축조해서 견뎌낸 일이 있는데 물은 빠졌으나 비석들은 편안히 서 있던 곳을 잃어버렸다. 이듬해에 백성들의 근심이 좀 덜해지기를 기다려서 김공이 퇴임한 여가에 비를 옮길 땅자리로 봉화산 산허리를 보았는데 산세가 약간 평평하여 개척해서 넓힐 수 있을 것 같고 주위보다 높아서 홍수가 넘칠 걱정은 전혀 없어 보였다. 또한 전망은 확 트여서 긴 내는 띠와 같고 이어진 산은 휘장과 같아서 그야말로 운수 땅의 뛰어난 곳이었다. 만일 동산을 만들어서 이곳에 비를 옮긴다면 사시사철 흡족하게 놀며 즐길 수 있고 눈을 돌리면 흥취가 일어날 수 있어서 가히 두 가지를 다 갖춘 아름다운 곳이라 할 만 하였다. 그러나 비록 그러한 땅이 있다 할지라도 시행할 힘이 없는 것이 걱정이었다.

그러나 다행히 평소에 옛 것을 즐기고 착한 일 잘 하는 뜻이 있어서 마냥 공익사업에 재산을 쾌척해 오던 읍의 선비 김종희씨가 이일을 듣더니 흔연히 일어나서 큰돈을 희사하고 후원하였다. 이에 나는 크게 감동하여 드디어 몸소 그 일을 감독하고 흙을 쌓아서 대를 만들고 돌 문을 세우니 몇 달도 안 되어 준공하게 되었다. 이내 모든 비를 다 옮기고 오래 된 것을 기준으로 순서를 정해 사방에 둥글게 빙 둘러 세웠으니 보기에 아주 새롭고 흥취가 더욱 깊어졌다.

이에 나는 사물의 흥패 비록 무상하다고는 하나, 그것을 영원히 보존할 수 있는 책략은 진실로 사람과 땅을 얻는데 있다는 것을 더욱 믿게 되었다. 이에 모든 사람들에게 말하기를 '나는 다만 옛 사람들이 남긴 자취를 이어 보존했을 뿐이요 이듬해는 또 어디가 있을지 알지 못합니다, 장차 군내의 인사들 중에 옛 것을 좋아하고 착한 것을 즐김이 김공과 같은 이가 반드시 있어 계속하여 이 사업을 확대해 나간다면 대의 수명도 오래 가고 내가 바라던 바도 이루어질 수 있을 것입니다. 그러나 이미 대가 있는 고로 이름을 짓지 않을 수 없으니 원컨대 여러 사람의 말을 듣고자 합니다.' 라고 하였다. 이에 여러 사람이 말하기를 "옛날에 여러 군자가 이 고을에 부임해 와서 봉황과 같은 의표로 그 환하고 밝은 빛이 당세를 비춰 뒷날에 오는 사람으로 하여금 그 덕을 우러르고 그 아름다움의 자취로 남게 되기를 바랐습니다. 지금 원님으로 하여금 이 땅에 자리를 잡게 한 것 역시 일부러 도모하지 않았어도 서로 부합한 일이니 이를 이름 하여 봉황대라 하십시오.' 라고 하였다.

이에 내가 웃으면서 '덕을 우러르고 아름다움을 자취로 남게 하는 것은 내가 감히 할 바 아니나 여러 사람의 뜻이 그러하니 우선 여러 의견을 따르고, 이에 대한 평가는 뒷날의 비평가의 말을 듣고자 합니다.' 라고 하였다.

을해 3월 일

해주 오해건(海州 吳海建)

鳳凰臺碑

嗟夫前人之盛德美蹟必記之誦之以圖其永傳而不泯者不惟不忘其遺愛欲使後來者仰其德而趾其美也然其始也勒之今石建閣而庇之不爲不備而其終也歲久傾頹人無修葺之力地有滄桑之變湮漫殆盡者十居八九是曷故焉凡物之興廢隨時無常而必得有志之人無憂之地然後庶可保其永壽也雲水古縣也俗尙淳厚多有好古樂善之士歷代侯伯之盛德美蹟並皆勒碑建閣櫛比于邑之左右以寓去思之意且備後來之觀隨毁隨補其來久矣近因風潮日激民情多艱不遑念及于此遂爲風雨所侵閣頹碑傾便成荒墟無復舊日之觀瞻使行路咨嗟可勝惜哉前宰金公奉斗慨然于此詢議于郡之人士以其散在而莫收不着聚合而箕保乃並移于邑前市街之傍始免其顚倒觀者稱善不肖莅玆之明年不幸爲洪流之汎濫邑民是憂乃築堤之水明退矣碑則失所矣又明年侍民憂稍紓公退之暇相地于鳳凰山之腰見山勢梢平可以拓而擴之去地稍高必無汎濫之患且其眺望軒豁長川如帶諸山如障寔雲水之勝區也若設爲園臺移碑于此則足以四時遊賞寓目興感可謂兩全而雙美也而雖云有地無力可施以是之憂何幸邑之士人鳳岡金琮熙氏素有好古樂善之志每踈財於公益聞此欣然而起捐巨金而援之余感其盛意遂躬董其役築土爲臺用石爲門不數月而功告竣乃移衆碑考年代定序次環立于四園於是乎觀瞻載新興感尤深余益信物之興廢雖曰無常而其所以永保之策亶在乎得人與地也乃言于衆曰余則只述前人之遺跡而已不知明年又在何處而郡之人士必將有好古樂善如金氏者繼而擴之則此臺之壽可期而吾願可遂也然既有臺矣不可無命名願聞僉

意僉曰昔諸君子之來莅是邦如鳳凰之儀其精采照耀當世至使後來者仰其德而趾其美也今使君之卜地于此亦有所不謀而相符者請名之以鳳凰臺余笑曰仰德趾美不肖之所不敢而僉意有在姑從衆以俟後來者

海州 吳海建 記　完山 崔圭祥 書

豊沛之南 雲水古鄕 士民胥憂 保存無方 列嶂拱揖 大川抱長
序立衆碑 用表舊章 維伯維侯 遺愛玆邦 有山仰止 其名鳳凰
太守有心 乃闢天藏 觀瞻載新 興感過常 勒碑建閣 思詠甘棠
如飛如舞 千仞翶翔 踈財樂善 惟金鳳岡 有地有人 其壽共昌
顚沛散亂 灰劫滄桑 中有平巒 軒豁眺望 築土成臺 環石爲墻
如今視昔 永保無疆　全羅北道知事 高元勳

工事概況
起工 昭和九年四月　竣工 昭和九年三月　公費 貳千圓
義捐 任實邑 金琮熙 號 鳳岡
後援 郡內 各官公署及 有志人士

(탁본을 근거로 작성한 임실문화원 자료)

금의환향

할아버지가 아들이 어렸을 때 목마를 태우고 동헌을 돌면서 자라서 꼭 이 집에 살아야 한다고 반복해서 기원하신 것이 주효했던지 아들은 드디어 김제군수가 되어 금의환향했다. 자신의 태생지라 애착도 남달랐을 것이고 사정도 잘 아는 편이니 더 많은 일을 하셨을 것인데 기록이 우리 집안에는 남아있지 않다. 다만 만경평야를 끼고 있는 호남 곡창의 중심지이니 할 일도 많고 고뇌도 깊었으리라 생각한다. 1930년대 중반의 시기에 그곳의 농업기반 조성을 위해 열정적으로 일해서 오늘 그 곳의 농업 기반을 확충하는데 크게 기여했으리라고 본다. 넓고 물산이 풍족한 김제군수직을 성공적으로 수행했기에 남원군수로 승차할 수 있지 않았겠는가?

불혹의 나이에 접어든 아버지는 열정적으로 일에 매달려 정신없이 나아가고 있을 때 불운을 만난다. 13살에 혼인한 4살 연상의 부인을 잃게 된 것이다. 이 전주 최씨 부인은 효성이 지극하여 임실에서 유림으로부터 효부상으로 추앙받은 바 있다. 슬하에 외아들만 두었는데 그때 동경에 유학 중이었다. 큰 병이 있었던 것도 아닌데 고국에 계신 어머니의 병사 소식을 접한 오빠는 아마도 하늘이 무너지는 듯한 충격을 받았을 것이다. 갑자기 상처를 하게 된 아버지는 슬픔을 가눌 길 없어 장례를 극진하고 성대하게 치르는 것으로 부인에 대한 마음을 표할 수밖에 없었다. 하지만 군수자리를 존중했던 당시의 정서로 볼 때 군수부인의 자리를 오래 비워둘 수 없다는 압력에 못 이겨 아버지는 곧 새 부인을 찾는 일에 동의할 수 밖에 없었다. 혼처가 밀려들어 색시 감의 사주 적힌 종이가 책을 묶을 지경에 이르렀지만 마음에 드는 규수를 찾지 못해 고심하고 있었다.

혼인 생활 25년이 훨신 넘도록 아들 단 한 명만을 출산한 아내를 잃은 아버지의 재혼에 대한 집안 어른들의 기대는 남달랐다. 슬픔 가운데서도 또 다른 각도에서 아버지의 상처를 바라보는 입장이라고나 할까? 재혼이 새로운 기회가 될 수도 있으리라는 기대와 가운을 다시 한 번 크게 일으켜 세울 수 있다는 생각으로 일면 고무적(?)인 분위기도 엿볼 수 있었다고 한다. 이왕 간 사람은 간 사람이고 이제 젊은 새 규수를 데려오면 외아들을 면하는 경사가 날 것이라는 행복한 예측 때문이었다. 죽은 사람만 억울함이 바로 이런 것인지도 모르겠다.

게다가 아버지의 친구들은 또 다른 면에서 아버지를 오히려 부러워하기도 했다. 그 시절에는 아버지처럼 10대 초반에 너댓 살 연상의 여인들과 혼인하여 사는 게 보통이었다. 부모님 뜻에 따라 얼굴도 안

보고 혼인한 아내와 아이 한 둘 쯤 낳고 살다가 신학문에 눈이 뜨여 고향을 떠난다. 유학 등을 하고 돌아오니 시골에 박혀 부모님을 봉양하며 살아온 아내가 마치 먼 나라 사람처럼 낯설어 보인다. 무식하다는 이유로 아내를 쫓을 수도 없고 함께 살자니 말도 안 통해서 죽을 지경이라는 생각들을 갖고 있는 지식인들이 많았고 어찌 보면 그 시절 신지식인들의 시대적 애환이었다.

신학문을 접하고 돌아온 남편들은 이혼을 원했지만 그 당시로서는 도덕적으로 절대 안 될 일일뿐더러 아내들의 입장에서는 죽어도 일부종사를 해야 하니 못 본척해도 좋으니까 호적만 파내지 말라는 염원을 신앙처럼 붙들고 있던 여인들의 암흑기였다. 어쩌다 이상에 맞는 신여성을 만난 신지식인들은 본의 아니게 두 여인을 거느리고 이중생활을 해야 하는 고충을 안고 살게 됐는데 상처를 해서 새로운 기회를 갖게 된 아버지가 부러웠던 것이다.

하지만 아버지는 사랑하던 아내를 잃은 슬픔이 얼마나 컸겠는가? 더구나 효행상을 받을 정도로 부모님을 잘 모셨으니 먼저 간 아내에 대한 애틋한 마음이 더 했을 것 같다. 오빠는 상을 치르고 서러운 마음을 가다듬고 일본으로 다시 공부하러 떠났고 아버지는 격무에 시달리면서 외로운 밤을 보내야 했다.

할머니가 꿈에 오셔서

아버지는 이왕이면 신여성 중에서 재취부인을 맞아들일 생각을 갖고 계속 혼담을 받았으나 마땅한 규수를 찾지 못해 고심하고 있었다. 그러던 어느 날 도청에 회의 차 전주에 출장을 갔는데 꿈에 할머니가 오셔서 상장하단, 상장하단, 이라고 되풀이 말씀하시곤 사라졌다. '상장하단'이 무슨 말씀일까 궁금했지만 그대로 머리에 담은 채 회의를 마치고 나오는데 문화 사진관 쇼윈도에 살짝 미소 띤 여인의 사진이 눈에 들어왔다. 목이 길고 우아한 맵시의 여자가 웃고 있었다

한눈에 보아도 신여성의 모습이었다. 목이 학처럼 길고 어깨선이 곱다고 느끼는 순간 상장하단! 할머니의 꿈속 계시가 바로 저것이었구나 싶어 사진관 문을 급히 열고 들어갔다. 정중하게 인사는 했지만 저 여인의 주소를 말하라고 다짜고짜 요구하는 아버지에게 눈이 휘둥그레진 주인은 무슨 일이시냐고 물었다. 나 바쁜 사람 아니니 긴 말 하지 말

고 저 사진의 여인 집 주소만 빨리 알려달라고 부탁했다. 손님의 주소를 함부로 말해 드릴 수 없다는 주인에게 거듭 졸라댔다.

사실은 사진의 주인공도 모르게 잠깐 걸어놓은 것인데 당사자가 알면 우리 집은 망한다며 제발 그냥 돌아가 달라고 사정하는 것이 아닌가? 아버지는 물러설 수 없었다. 그러지 않아도 마음이 조마조마 하여 오늘 하루만 걸고 떼어내려 했던 것인데 이거 큰일 났다고 울상인 주인을 계속 설득해서 아버지는 기어이 주소를 받아들고 사진관을 나왔다. 그길로 주소지를 찾아가 위치를 확인한 아버지는 그 여인의 신분 확인에 들어갔다. 전주의 몇째 안에 드는 부잣집 막내딸이며 서울에서 여학교를 마치고 내려온 지 얼마 안 되는데 혼처를 찾고 있는 중 이라는 것과 큰 오빠는 전주에서 창고업을 겸해서 하는 대농이며 둘째 오빠는 일본유학을 마치고 돌아와 유지공업협회를 이끌고 비누공장을 경영하는 촉망받는 청년실업가라는 것을 알게 되었다. 규수댁에 줄을 댈 수 있는 적당한 중매자감을 찾아보도록 조치하는 한편 아버지는 그 규수를 한 번 보아야겠다는 결심을 하고 밤을 기다렸다. 마침 보름이 가까워 달빛에 자태를 확인하고 싶어서였다. 모친이 꿈에 일부러 찾아와서 일러주고 간 상장하단의 여인인지를 확인해야 했다.

상장하단(上長下短), 요즘 같으면 하장이어야 미인일 텐데 그 시절에는 목이 길고 하체는 적당해야만 미인이었다. 아무튼 아버지는 날이 저물기를 기다리며 상장하단만을 되뇌면서 하루를 보냈다. 전주시 고사동에 있던 외갓집은 도청에서 과히 멀지는 않았다. 아버지는 낮에 미리 보아둔 집 앞의 살구나무에 올라가 굵은 가지위에 걸터앉아 규수가 나오기만 무작정 기다렸다. 세상에 이럴 수가 규수는 밤에 나오지 않았고 사흘째 되는 날에야 방문이 열리고 사진에서 본 목이 긴 그 여인이 댓돌에 내려서는 것이 아닌가? 마당으로 나와 달을 쳐다보는 그 모습은 바로 선녀였다. 상장하단이 거기 있었다. 키가 훤칠하게 크니 하단도 아니어서 더 보기 좋았다. 하마터면 아, 외마디를 토할 뻔 한 아버지는 침을 꿀꺽 삼키며 넋을 잃고 쳐다만 보고 있었다. 조금만 더 앞쪽으로 걸어오면 얼굴도 좀 자세히 볼 수 있을 것 같아 긴장하고 있는데 홀연히 돌아서 방으로 들어가 버리는 것이 아닌가? 마치 장중보옥을 놓치기라도 한 양 아쉬운 마음을 달래며 조심스레 나무에서 내려온 아버지는 한동안 토담 곁을 맴돌다가 골목길을 빠져나왔다.

그 살구나무는 의연히 잘 자라서 내가 외가로 피난 갔을 때 맛있는 간식거리를 대 주었고 그 씨앗을 모아 잘 말려서 한약방에 주어 착한 아이라는 칭찬도 받게 해주었다. 살구가 유난히 굵고 많이 열려서 동네 아이들에게 고루 나누어 주며 먹기에 충분했다. 물론 그늘 또한 우리들의 훌륭한 놀이터가 되어주었다. 지금은 그 곳이 개발되어 발전해서 흔적도 찾을 수 없이 변했다. 점잖은 중년의 현직 군수가 어떻게 그런 객기를 부렸겠느냐고 의아해 할지 모르지만 아버지는 그렇게 매사에 적극적이고 추진력이 강한 분이었다. 수소문 끝에 아버지는 적임자를 찾아내서 일을 맡긴다.

한량이던 멋쟁이 을봉 아저씨가 아버지의 중매쟁이로 낙점을 받아 대업(?)을 이루는 일에 착수했다. 부잣집 막내딸과 촉망받는 중견관리, 마흔이 넘은 데다 장성한 아들까지 있는 재혼남과 스물여섯이니

과년하긴 했다지만 여학교까지 졸업한 신여성 처녀, 어느 것 하나 수월한 조합이 아니다. 신랑과의 열여섯이라는 나이차 못지않게 네 살이라는 전실 아들과의 나이차가 더 큰 걸림돌이기도 했으리라. 을봉 아저씨는 외할머니의 조카뻘 되는 분으로 한학을 많이 해서 박식하고 인물이 준수하며 인품이 훌륭해서 신망이 두텁고 존경을 받는 집안의 어른이셨다. 아저씨를 찾아낸 것이 아버지가 어머니와 혼인 할 수 있게 된 열쇠였다.

아저씨는 수북이 쌓인 신랑감들의 사주 보따리를 들고 어머니와 마주앉는다. 왜 이렇게 좋은 신랑감들을 다 마다하고 대체 누구에게 시집을 가려고 이렇게 나이만 먹고 있느냐며 은근히 노처녀인 어머니의 아픈 곳을 찔렀다. 어머니는 당시 경성여자상업학교(오늘의 서울여상)를 졸업하고 일본유학을 준비했다. 원서를 써들고 간 어머니에게 평소 어머니를 지극히 사랑했던 이숙종 선생은 미인에다 부잣집 딸이 뭐 하러 이렇게 힘든 길을 가려하느냐면서 나이도 생각하라고 타이르며 원서를 찢어버렸다. 요즘처럼 신속배달도 없던 시절이니 일본의 대학에서 원서를 다시 받아다 쓴다는 것은 물리적으로 시간이 없었다.

할 수 없이 고향에 내려와 혼처를 찾았으나 마음에 드는 신랑감이 없어 고민 중이었다. 부잣집 아들들은 하나같이 젊은 한량들이어서 별로 하는 일 없이 사냥이나 다니고 건들건들 해 보여서 도무지 신뢰가 가지 않았다. 그렇지 않으면 양반 타령만 하는 고루하고 나약한 남자들뿐이었다. 그런 어머니의 심중을 꿰뚫고 있는 아저씨는 신랑감 사주 명세서를 넘겨가며 어머니를 슬슬 심란하게 만들었다. 드디어 짜증이

날 즈음해서 아저씨는 비장의 카드를 꺼내 들었다. '네 눈에 드는 신랑감이려면 이미 다 남의 사람이다." 어머니의 이상형이 아버지 같은 사람임을 간파한 아저씨는 그러면 나이가 좀 들었어도 잘난 남자여야 네 눈에 들겠다는 한 마디만 남기고 자리를 떴다. 어디 내가 한 번 찾아보마는 알 듯 모를 듯한 말을 혼자 말처럼 중얼거리며 휑하니 돌아서 가는 아저씨의 뒷모습을 지켜보면서 어머니의 마음은 착잡했다.

처녀시절의 어머니 (경성여상재학시절)

군수 마님이라면 가 보자

어머니의 조바심이 더 다급해지도록 며칠 동안 뜸을 들인 후 을봉 아저씨는 어머니를 찾아왔다. 나이가 좀 많긴 하지만 촉망 받는 군수가 상처를 했는데 아들이 하나 있고 열 살 넘게 차이가 나는 신랑감이 있기는 한데 생각이 있으면 주선을 해 보겠노라며 넌지시 말문을 열었다 어머니의 자존심에 재취라는 것이 내키지 않았지만 군수 마님이 된다는 것은 어머니의 명예욕을 채우기에는 충분한 조건이 될 수 있었다. 처녀는 당당한 정실이니까 신분상 문제는 없었기에 어머니의 마음이 움직이기 시작했다. 사진이 오가고 전주 고사동 외갓집에서 구식으로 전통혼례식을 올렸다. 초례청의 신랑이 젊어 보여서 나이보다 대여섯 살이나 어려보인다고들 했다니 아버지는 꽤 멋있고 건강미 넘치는 꽃 중년 이었던 모양이다.

김제 군수 관사로 신행을 간 어머니는 일곱 시누님들에 둘러싸여 이

부모님 결혼사진

어지는 덕담 속에 첫날을 보냈다. 사흘째 되는 날 오빠가 어머니 앞에 와 앉았다. 그동안 슬쩍슬쩍 보기는 했지만 4살 차이밖에 안 되는 우람한 체구의 청년이 앞에 와 앉으니 좀 당혹스러웠다. 절을 올린 오빠는 어머니에게 '세세 말을 놓으시고 이름을 불러 주십시오. 이미니가 지금 제게 해라를 못하시면 영영 우리는 남으로 살 수밖에 없이 됩니다. 해라를 하실 때 까지는 제가 동경에 돌아갈 수 없습니다.' 바위같이 꿈쩍 않고 앉아서 버티는 그 앞에서 아마 어머니는 처음으로 자신의 처지를 확인하고 있었을지도 모른다.

동경의 릿교대학교에서 경제학을 전공하고 있는 아들의 앞길을 막을 수 없으니 일본에 빨리 되돌려 보내 학업을 계속해야 할 터이기에 그 자리에서 어머니는 해라를 할 수밖에 없었고 이일로 해서 어머니는 명실상부한 오해건 군수의 부인으로 굳건히 자리 잡고 앉게 된 것이리라. 나는 어머니의 그 회고담을 들으며 평생 오빠에게 감사함을 잊지 않으리라고 다짐했다. 스물여섯 새엄마를 스물두 살 아들은 이렇게 멋지게 맞이한 것이다. 나는 살아오면서 한 번도 오빠에게 이복오빠라는 거리감을 느껴보지 못하고 살았다. 6·25 전쟁으로 아버지가 납북당하고 전주로 내려간 어머니는 그날로 오빠에게 아버지의 인감도장을 비롯한 모든 것을 서둘러 내주었다. 온전한 의탁의 뜻과 장남에 대한 예우였다고 본다. 나는 어머니의 그 선택에 지금도 박수를 보내는 심정이다. 우리는 이 하늘아래 단 둘 밖에 없는 남매였고 오빠는 내게 과분할 정도의 충실한 아버지가 되어주었다.

이렇게 군수 부인으로 화려한 출발을 한 어머니의 결혼생활은 김일성의 헛된 꿈 때문에 13년이란 짧은 기간으로 종지부를 찍고 기다림이란 긴 터널만이 어머니를 기다리고 있게 될 줄을 누가 알았으랴.

부잣집 막내딸

1913년 음력 10월 상달 스무사흗 날 동래정씨 정우경의 부인 유성녀는 전라북도 완주군 용진면 구억리 자신의 집에서 예쁜 딸을 낳았다. 이렇게 4남 2녀의 막내딸로 태어난 어머니는 사랑을 독차지 하며 귀엽게 자랐다. 외할아버지 내외분이 자수성가에 성공하여 거부가 된 후에 세상구경을 하게 된 어머니는 온갖 호사를 다 누리며 세상에 부러울 것 없이 귀하게 자랐다.

그러나 그 시대에 미처 깨이지 못했던 옛 선비의 전형이었던 외조부는 그 보기도 아까운 딸에게 신학문을 시킨다는 것은 오히려 욕이라고 생각하였다. 심지어 여자가 글을 배워봐야 팔자만 드세 진다고까지 생각하고 있던 그 시대 어른들의 고루한 생각을 절대적으로 옳다고 신봉하는 분이어서 어머니는 호의호식만 시킬 뿐 학교 근처에 얼씬도 못하게 감시 받으며 지낼 정도였다. 대지주가 된 외조부는 시골집을 그대로 둔 채 전주로 새집을 마련하고 이사를 하게 된다. 전주시 고사동에 새 둥지를 튼 외가에서 여전히 어머니는 온실의 화초처럼 자라고 있었다.

금화료(경성여상 기숙사)의 즐거운 한 때

열네 살이 된 어머니는 주위의 친구들이 학교를 다닐뿐더러 소학교를 졸업하고 여학교에 가는 것을 보게 되면서 도저히 그대로 눌러앉아 구경만 할 수 없었다. 외할머니를 졸라서 소학교에 들어간 것이 남들은 졸업을 하고도 남을 열네 살 때였다. 오늘의 전주중앙초등학교를 졸업한 어머니는 열여덟 살이니 이제 시집을 보내야 한다면서 여기저기서 혼담이 들어오는데 이대로 붙들려 있다가는 큰일 날 것 같다는 위기의식을 느끼고 둘째 외삼촌에게 매달렸다. 동경유학 중인 그 어른이 방학을 마치고 동경으로 가기 위해 길을 뜰 전날 밤 어머니는 야무지게 싸놓은 짐 보따리를 들고 오빠 앞에 나타났다. 자신을 내일 함께 데리고 서울에 가서 학교에 집어넣어 주지 않으면 죽어버릴 것이라며 협박했다.

외유내강의 전형적인 요조숙녀 형의 어머니 성격을 아는데다 자신의 형제들 특유의 결기 있는 성품을 익히 아는 외삼촌은 간담이 서늘해지며 큰일 났다는 생각과 함께 사태의 심각성과 절박함에 당황했다. 우

경성여상 은사들과(뒷줄 중앙이 어머니, 앞줄 오른쪽 끝이 이숙종 선생)

선 동생의 얘기를 들어보기로 한 외삼촌은 어머니의 말을 충분히 듣고 난 후 신음처럼 알았다는 대답을 토해내며 함께 가자고 약속하고 이튿날 밤 남매는 어둠을 헤치고 야간열차에 몸을 실었다. 편지 한 장 남기지 않고 가방하나 달랑 들고 집을 빠져나온 당돌한 아가씨 우리 어머니, 마음 먹으면 해야만 사는 그런 여인이었다.

이렇게 해서 어머니의 서울유학은 시작되었고 준비하고 시험을 쳐서 경성여상(서울여상)에 입학하였다. 훗날 어머니는 자신이 순조롭게 부모의 손에 이끌려 학교에 갈 수 있었더라면 한국에서 제일 좋다는 여학교에 다닐 수 있었을 텐데 부모님의 완고함 때문에 그 기회를 잃은 것이 천추의 한이라며 내가 철이 들기도 전부터 너는 꼭 그 여학교에

경성여상 시절 연극을 끝내고

가야 된다고 경을 읽어서 의례 그래야 되는 것으로 알고 자랄 정도였다. 그러나 그 꿈 역시 공산집단의 마수에 산산조각이 나고 말았다. 내가 피난 가서 서울로 올라 올 수 없었고 오빠가 어린 여동생의 단신 서울 유학을 완강히 반대했기 때문이었다.

경성여상에 입학한 어머니는 신천지를 만났으며 기숙사 사감이자 운영자인 이숙종 선생은 어머니가 하는 일 마다 칭찬하며 격려하는 든든한 우군이 되어주어 어머니의 학창생활을 신나고 재미있게 만들어 주었다. 어머니의 그 당시 일기장을 보면 오늘도 진옥과 점심시간에 호떡을 사먹었다느니 스케이트를 탔다느니, 내일이 시험인데 걱정이라느니, 화신상회에 가서 무엇을 샀다느니 하는 글들이 자주 나오고 앨범에는 진옥아줌마와 나란히 스케이트를 타는 사진들이 잘 붙여져 있다.

기숙사 금화료에서 김장을 하는 어머니

기숙사 김장때도 어머니가 주역인 듯 한 사진이 있는가 하면 심봉사 역으로 익살을 부리는 연극공연 장면 같은, 전혀 내가 아는 어머니와는 거리가 멀기만 한 그런 면모도 사진으로 남아있다. 중국 봉천으로의 수학여행길이 담겨 있는 학교 졸업앨범을 보면서는 어머니의 꿈이 어디까지였을까 하는 생각에 콧날이 시큰해온다.

솜씨 좋고 깔끔한 어머니는 무엇이든 손만 대면 윤이 나게 해 놓았다. 청소 검사를 하는 이숙종 선생님이 손바닥으로 바닥을 훑어보고 다시 시키는 일이 비일비재해서 모두들 긴장하는데 어머니가 당번인 날은 휘이 한 번 둘러보고는 그대로 통과였다니 짐작할 만하다. 아버지와 13년 사는 동안 한 번도 화장하지 않은 얼굴로 아침에 아버지를 대면하는 일이 없었으니 그 시대 여인으로서의 좋은 덕목은 고루 갖춘

단짝 진옥과 스케이트 삼매경

이상적 아내상의 표본이라 할만한 분이었다.

입이 짧아서 맛이 없으면 먹지 못하는 버릇 때문에 학교에서 점심을 먹고 나면 소사가 준비 해다 주는 큰 주전자의 물이 설미지근해서 꼭 중 이마 씻은 물 같아 도저히 마실 수가 없었다. 그래서 판매부에 가서 앙꼬 빵 하나를 사먹는 것으로 입가심을 했다. 외할아버지가 풍족히 올려 보내 주는 돈을 마음껏 쓰고 지낸 예 중의 하나일 것이다. 어머니를 서울에 정착시켜놓고 동경으로 떠나며 외삼촌이 외조부에게 그사실을 알리는 편지를 보냈다.

그동안의 경위를 쓰고 강제로 데려가면 무슨 사단이 날 정도이니 그대로 두시라, 요즘은 여자도 다 공부하는 시대다, 여자는 객지에서 돈이 부족하면 유혹에 빠지기 쉬우니 돈을 넉넉히 올려 보내 주시라, 우선 자신의 등록금과 하숙비를 털어서 해결하고 가는 길인데 동경으로 급히 부쳐주지 않으면 자신의 학업이 중단될 형편이니 즉시 송금해 주시라, 동생의 서울 생활비와 용돈은 아주 풍족하게 보내주시기를 다시 한 번 부탁드린다, 등의 내용을 담은 아들의 편지를 받은 외조부는 사랑스런 딸을 위해 열심히 거금 20원씩을 매월 꼬박꼬박 올려 보냈다. 쌀 4가마 값이었으니 믿어지지 않을 정도의 학자금이었다. 그러니 호떡에 빵에 화신상회 드나들기가 일상일 수밖에 더 있겠는가? 어머니의 물건 중에 화신상회 표시가 있는 것들이 하도 많아서 어린 시절 모든 물건이나 상자 들에는 다 그런 표시가 있는 줄 알 정도였다.

금화료 창 앞에서

어머니는 어릴 때 무당이 와서 말하기를 명을 짧게 타고 나온 애기라서 절에나 신에게 팔아야 한다고 했다. 그 말을 들은 외할머니는 그길로 어머니를 절에 크게 시주하며 팔고 판예라고 불렀다. 그래서 어머니의 호적상 이름이 판례(判禮)가 되었다. 그 이름이 자존심이 상한다고 생각한 어머니는 여학교에 입학할 때 자신의 이름을 수경(壽卿)이라고 즉석 개명해서 모든 서류를 작성하였다. 그러나 이 이름도 또 한 번 개명되는 단명한 신세가 되었다. 아버지와 혼인 후 당시 유명하다는 역술가 문관산에 의해 하경(河景)으로 바뀐다. 나보고 대단하다는 사람들이 있지만 나는 이런 어머니에 비하면 그야말로 족탈불급이 아닌가?

목이 길고 어깨선이 곱고 허리가 버들가지 같이 가늘고 호리낭창한 어머니의 몸매는 그 시절 여자로서는 미인의 조건에 걸맞는 것이었다. 훤칠한 키에 희고 고운 피부에 갸름한 계란형의 미모를 지닌 어머니는 남학생들에게 호기심의 대상이 될 수밖에 없었다. 얌전하고 조신해 보이는 여학생이니 등하교 길에 짓궂은 남학생들이 자주 놀렸다. 무 대응으로 눈만 내리깔고 지나가 버리는 어머니를 하루는 어떤 학생이 별렀던 모양이다. 중학천 옆을 지나가는 등교 길에 앞서가는 어머니 머리위에 남학생이 모자를 얹어놓고 놀려댔다. 그대로 앞만 보고 걸어가는 어머니에게 또 가방을 어깨에 짊어지우고 달아나며 놀리기를 계속했다. 등교하던 남학생들이 걸음을 멈추고 박수를 치며 히히덕거리는 속을 전혀 개의치 않고 마치 퍼레이드라도 펼치듯이 그 우스꽝스런 모습으로 당당히 걸어가는 어머니의 기세에 눌려 남학생들은 서서히 기가 죽기 시작했다. 바로 그 때 어머니는 가방과 모자를 벗어서 중학천에 내던져버렸다. 눈 깜짝할 사이에 가방과 모자가 개골창에 처박힌 남학생은 사색이 되었고 사위는 물을 끼얹은 듯 조용해졌다. 이렇게 당찬 어머니의 외유내강이 아버지가 사업을 시작해서 시련을 겪을 때 버팀목이 되어 주어 성공하게 했고 6·25때 아버지의 납북 후 홀몸으로 이 못난 딸을 어엿하게 길러내 한 사회인으로 설 수 있게 한 원동력이다.

이렇게 대찬 데가 있었지만 부족한 걸 모르고 자란 부잣집 막내딸은 평생 잘 속고 자신의 주머니를 열어놓고 분수없을 정도로 남에게 퍼주면서 살다 하늘 길을 떠났다.

춘향이 고을 남원군수로 승차

고향인 김제의 군수로 많은 일을 하고 가정적으로도 상처의 아픔을 겪었으나 젊고 아리따운 신여성을 새 아내로 맞이하는 등 역동적인 세월을 보낸 아버지는 행정 수행 능력을 인정받아 군수자리로는 전라북도에서 최고의 요직이라 할 남원군수로 영전하였다. 춘향의 고을로 유명할 뿐만 아니라 부사가 있던 곳이고 유림의 뿌리가 깊어 자존심이 대단히 높은 고을이었다. 지리산을 끼고 있고 서울에서 남쪽으로 갈 때 지리적으로 꼭 유숙하고 가야하는 지점에 있어 많은 사람을 대접하다보니 음식문화가 발달하고 예절 바른 곳이다.

예로부터 추로지향으로 이름이 높았으며 정유재란 때는 남원성이 무너지는 날 온 백성이 항거하여 몰살 당 해 만인의총(萬人義塚)이 있는 곳이다. 그 때 우리나라 도공들이 집단으로 잡혀가 일본 도자기의 역사를 만든 심수관의 고장이다. 그 뿐이 아니라 고려 때 왜구의 침공을 막아낸 이성계장군의 승전지인 운봉에 황산대첩비가 있는 땅이 남원이다. 전라선의 중간지점이고 여수 순천에서 올라오는 물산들로 하여 산해진미를 함께 즐길 수 있어 음식이 다양하며 음식 맛이 좋고 인심이 후한 고장이기도 하다.

남원에 부임한 아버지는 유림과 긴밀한 유대를 갖고 신뢰관계를 유지하며 행정을 펴 나갔다. 다른 곳에서처럼 남원에서도 그곳의 선비들과 시문회를 조직하여 서로 글을 짓고 나누며 교유했다. 비록 나라는 잃었지만 정신까지 황폐해지지 않도록 문화행정의 철학을 갖고 한 지역의 수장으로서 할 수 있는 범위 안에서 민족의 자존을 지켜나가는 일에 행정의 우선순위를 두었다. 식민지 백성의 위축된 마음을 어루만지며 군림이 아닌 보살핌의 리더십을 선택한 것이다. 그런 문화 행정의 일환으로 오랫동안 주민들의 숙원이기도 했던 구룡정을 세우고 그 기문을 썼다. 구룡정이 세워진 구룡계곡 입구에 지금은 춘향묘가 잘 단장되어 있으며 해마다 열리는 춘향제는 첫날에 이 지역 원로 분들의 묘역 참배로 축제의 문을 연다. 여러 가지로 유서 깊은 곳이며 남원시민들의 심신을 달래주는 명소이다.

이때는 일본이 우리 문화를 말살하기 위해 우리말 사용을 전면 금지하고 학교에서는 일본어만을 쓰도록 강요하며 우리말을 한 마디만 입 밖에 내도 처벌하던 시대였다. 이럴 때 아버지는 우리의 정서에 맞는 것을 만들고 민족유산을 지켜내는 일에 열성적이었다. 어려운 상황에서 우리 민족의 자긍을 지키고자 한 아버지의 꿋꿋한 민족의식과 고뇌에 찬 모습을 생각하면 눈시울이 뜨거워진다. 그 용감한 아버지를 한

남원군수 부인으로 간부 부인들과 한때를 보내고(중앙 한복 두루마기 차림이 모친)

번만 만나 볼 수 있다면 얼마나 좋을까? 아버지의 우리 문화 지키기 행보는 보통 소신과 뚝심이 아니고는 불가능한 일이었다. 자신의 자리에 연연했다면 당시 상황으로 볼 때는 무모하다 할 만한 그런 일을 골라서 할 수는 없는 일이었다. 남원은 우리들 가슴에 춘향의 고장으로 새겨져 있다. 부임 후 1939년 5월 26일에는 광한루원 춘향사당에 초라한 춘향영정 대신 이당 김은호 화백이 그린 춘향의 새 영정을 봉안하며 큰 제를 올려 1931년부터 소규모로 진행되어 오던 춘향제가 그때부터 전국적 관심사로 부각되는 경사가 되었다고 남원의 원로들은 전하고 있다. 전국의 독지가들에 의해 제작이 시작된 이당의 새 춘향영정은 '조선의 모나리자를 이당이 그리다.'는 언론의 극찬을 받으며

군수시절의 아버지

봉안 되었다.그동안 페인트로 그려졌던 진주 화가 강주수의 춘향 영정 대신 춘향사당을 환하게 밝혀 백성들의 마음을 흡족하게 해주었다.(이당 김은호 화백의 회고)

창씨개명의 일본 정책에 대해서도 아버지는 일본인들에 대한 설득을 통해 창씨를 강요하지 않는 길을 택했다. 아버지가 일본을 설득한 창씨 반대에 대한 소견은 간단했다.

- 일본은 성씨를 만들어 갖는 문화를 지니고 있지 않느냐, 그래서 다양한 성이 있는데 한국인들이 이왕에 가지고 있는 성들을 그대로 두면 더 다양한 성을 갖게 되어 좋지 않겠느냐? 우리의 성씨에 대한 정서는 대대로 내려오는 성을 목숨처럼 지켜나가는 문화이다. 우리는 예로부터 욕 중에 제일 큰 욕이 '예이, 성을 갈 놈아'이다. 이런 백성들에게 성을 바꾸라고 강요하는 것은 민심을 크게 이반 시킬 뿐이다.-

이렇게 창씨개명에 대한 반대의사를 분명히 밝힌 아버지는 개명만 권유하겠노라는 대안을 제시했다. 우리는 이렇게 해서 현직 군수의 가족이면서도 창씨 하지 않고 개명만 했다. 계속해서 아버지는 군민들에게 창씨는 강요하지 않았다. 이런 아버지의 방패막이 덕택에 남원 사람들은 창씨를 강요당하지 않았고 유림의 아버지에 대한 지지와 신뢰는 대단했다.

일본은 그 당시 우리나라의 문화를 말살하고 언어까지 일본어만을 쓰도록 강요하면서 우리말 말살정책에까지 혈안이 되어있고 태평양전쟁을 일으킬 야욕을 키워갔다. 신사참배를 강요하고 혼인식도 일본신사에 가서 올리도록 강요하는 등 생활 깊숙한 부분까지 철저히 일본인들의 풍습과 문화에 젖어들도록 광분하고 있을 때였다.

신사결혼의 강요에도 전통혼례식을 치룬 오빠

남원군의 관내에 있는 황산대첩비 등 우리 고유의 문화재와 춘향사당, 토속 신앙과 관계가 있는 관왕묘, 등에 크고 작은 훼손을 시도하는 일본인들을 질책하고 회유하는데 아버지는 심혈을 기울였다. 정유재란 당시 희생자들의 만인의총과 이성계장군의 황산대첩 승전을 기념하는 황산대첩비는 일본인들에게 눈의 가시였다. 틈만 보이면 이곳을 훼손하는 그들을 아버지는 호되게 꾸짖고 훈계했다. 그러나 결국 황산대첩비 훼파에 거부의사를 분명히 밝힌 아버지는 그 일로 하여 관직에서 떠나게 된다. 이렇게 해서 남원이 아버지 관직의 마지막 자리가 되었고 나는 출생지 남원에서 돌을 못 지내고 떠나왔다.

조선은행에 다니는 외아들의 혼인식을 신사가 아닌 신부 댁에서 우리 전통혼례식으로 올린 것도 일제 정책에 저항하는 죄목(?) 이었다. 숙명여학교 출신의 신여성인 며느리가 면사포를 쓰고 싶었겠지만 신사결혼식을 피하려니 구식으로 전통혼례를 치른 것이다. 아무튼 아버지의 지략으로 황산대첩비는 일단 위기를 모면한다. 하지만 아버지 해직 후에 기어이 훼파해 버리지만 조선 땅에서 맨 마지막에 사라진 승전비로 역사적 기록을 남기는 영예를 얻게 되는 비석이다.

이런 일련의 아버지 재임당시 기록을 찾을 수 있나 남원시청에 문의했으나 허사였다. 지리산에 인접한 남원군은 여순사건과 한국전쟁 때 인명과 재산피해가 막심하였을 뿐만 아니라 전해오는 귀중한 사료들도 소실되는 아픔을 겪었노라고 아쉬워했다. 이렇게 아버지 행적에 대한 공적 기록은 남원 시청에는 남아있지 않고 조선 총독부 분서로만 남아 있다. 총독부 문서 기록은 내가 접근하기 어려우니 앞으로 역사학자들의 일제 강점기 연구에서 누군가에게 발견되어 연구 되는 행운을 기원해 볼 뿐이다.

다만 당시의 남원 유림 대표였던 노병인 선생이 이런 아버지의 업적을 기리는 유림 70인의 글을 모아 문집을 펴내고 서문을 쓰신 것과 그 중 단 두 편의 글이 남아 있어 여기 소개하고자 한다. 전쟁 중에 그 책도 원본은 없어져 안타깝다. 10여 년 전 오빠는 생전에 내게 그 사본만을 넘겨주며 '글을 쓰는 네가 이 자료들을 정리해서 책으로 남기라.'는 뜻을 전하고 5년 전에 타계하셨다. 오빠에게 자료를 받은 지가 10년이 훨씬 지나도록 게으르게 미루다가 지금에야 이 일을 하고 있으니 죄송하고 한탄스럽다. 오빠가 여러 가지 이야기를 해주어 많은 사실들을 듣고 기록해 두긴 했지만 진작 시작 했더라면 오빠의 조언을 더 들을 수 있어 훨씬 충실한 기록을 할 수 있었을 텐데 아쉽기 그지 없다.

훗날 아버지의 이런 업적들을 기리는 비가 남원 유지들에 의해 운봉 여원재에 세워졌는데 그나마 6・25 전쟁 중에 폭격으로 깨졌다. 이번에 남원시가 알아보니 그 곳 주민들로 부터 그 비석인지는 모르겠으나 큰 비석 덩어리들이 있어 걸리적거려 땅에 묻었노라는 말을 듣게 되었다. 일을 하다가 삽 끝이 큰 돌에 닿거나 혹시 땅을 파게 되어 그 돌의 흔적이라도 발견하면 즉시 남원시에 연락하라고 부탁하는 남원시 문화계 관계자의 진지한 대응을 보면서 찾은 바와 진배없는 흐뭇함을 느낄 수 있었다. 간절한 소망으로 현지를 방문하였지만 주변지역이 경지 정리, 도로 확,포장 등으로 정확한 위치를 찾기도 힘들고 개인의 힘으로 시도하기에는 너무나 어려운 사업이어서 안타깝기만 하다. 이럴 때 장비를 동원해서 그 작업을 하겠다고 나설 상황이 아니라서 기다려 볼 수밖에 없으니 부모님께 매우 송구하고 한스럽다.

아버지의 노력으로 일제의 1차 척왜비 등 훼파 시에는 황산대첩비가 살아남았고 1943년 1월 아버지를 해직하고 난 후 총독부는 그 해 8월 '남원 유림을 먼저 억압한 후 황산대첩비를 훼파하라.'는 공문을 내려 보내고 이어 11월에 재차 독촉 공문을 보내며 압박한다. 그 기록도 함께 소개하는 것으로 아버지의 당찬 행적을 뒷받침하고자 한다. 국사편찬위원회가 일제강점기하의 향토사 발굴 작업을 전국적으로 시

춘향 영정
(이당 김은호 화백의 작품)

작해서 활발하게 진행하고 있어 마음 한 쪽이 따뜻해지며 아버지의 얼굴이 자꾸 어른거린다.

광한루원 앞에 서니 감개무량하다. 어머니의 내 태몽이 광한루 누각 큰 휘장에서 커다란 호랑이가 펄럭이며 어머니를 반겼다니 어찌 심상할 수가 있으랴. 더구나 이곳에는 춘향사당이 있어 그 역시 아버지가 일본인들의 곱지 않은 시선을 차단하며 보호했던 곳이 아닌가? 춘향영정도 6.25때 북괴군이 "이따위 계집년이 무어라고 받들어 모신다는 말이냐?"며 발기발기 찢어버리고 사당을 불태웠다. 한국전쟁이 끝난 후 이당 선생은 남원의 원로들이 1939년에 봉안한 춘향영정을 간절히 원하므로 다시 그려 주었다. 이당 김은호 화백이 다행히 당시의 초본을 보관하고 있었기에 똑같은 춘향영정을 다시 봉안할 수 있게 되었다. 비록 당초의 것은 아니지만 아버지가 재직시에 봉안했던 그때의 것과 똑같은 춘향영정이 봉안되어 있으니 그래도 좀 덜 서운하다. 아버지도 춘향영정도 북괴군에 의해 찢기는 운명이 똑같다는 생각은 너무 심한 비약일지 모르겠으나 자꾸 연결되며 마음이 처연해진다. 어서 통일이 되어 우리 민족의 영원한 연인이라 할 춘향의 영정을 남북한 온 백성이 기쁜 마음으로 다 함께 보면서 춘향을 추모할 수 있었으면 좋겠다. 아버지 보고 싶습니다. 이 광한루원을 가꾸시며 민족을 생각했을 아버지의 깊은 마음이 가슴을 아리게 합니다. 아버지 그래도 보람을 느끼시고 위로 받으세요. 아버지가 우리문화를 지키고자 애쓰셨던 이 곳 남원이 호남 관광의 대표 격이 되었고 이곳 광한루원은 한번쯤 꼭 와보고 싶은 곳으로 거듭났으니까요. 저도 나이가 드니까 남원이 자꾸 마음에 와 닿습니다.

• 구룡정계안 (기문)

南原在古爲帶方國 龍城府 東障頭流 西連完州
若時有事 則爲必爭之地 故爲嶺湖關防 蛟龍之崛嵂
蓼川之清駛 景勝亦甲於一方 士大夫園林相望
名宦宿德 鞭帽相接 物衆地大 守土之官 愼擇於者
如宋之開封焉 且樓觀之勝 燕游之樂 縉轂之孔途
非巖邑之比 固湖南之一大都會也 建以不才承乏
于玆 夙夜有年 橋梁之興 樹畜之勤 山村水屋
訪其疾苦 敎其敬讓 不遑暇處 原隰之間
常有數君子 悶建之無徒也 必與之偶爲道 古今沿革
遠近風俗 以補建之不逮者 日於朱川坊
暮投李君鍾 宅山房 君讀書士也 夜而會者
新知亦多 壺酒相慰 作眞率會 或談山水 或詠風
使建頓忘 簿牒期會之憂 主人 曰自古出宰名鄕者
莫不有山水之高情 如永叔之滁山 希文之岳陽
代有是事 此皆地以人聞 今使君莅此有年矣
獨能無情 於是哉 且君若一朝遷轉而去 州人之思
無一物可憑 豈可作此夜 盃酒之娛而已也 幸君之倣
朱夫子同安故事 或以社 或以約 遺愛於遐方
留作吾州 他日棠芨之資 不亦可乎 此洞 吾州山水佳
今夕之會 亦不偶然 溪從般若北壁 淙淙西下未十里
而成九龍瀑 昔人未始知其爲勝 可以題名可以起亭

尙此徘徊 顧眄白首 鞅掌役役 而不知止者
亦足厚顔 諸公之言 豈建所任哉 諸公 固要不已
天明從諸君子 至謂所九龍瀑者 飛波噴雪
響徹林木 列坐岸石上 抵掌移晷 遂與諸君子
結三九之會 要束已定限九十九人 而滿焉
其止九者從瀑名之義也 東湖尹公 年最高也
同醵金而作亭 尹公實記之 諸公要余續貂
有難孤諸君子意 昔柳惲 守吳興十載 喜遊山水而無善政
白居易譏之 今建與諸君子 遊 又忝名於亭楣之間
其於後人之譏 則有所不得辭者

檀紀 四二七三年庚辰三月三日 郡守吳海建記

節目

一. 水之涓涓而無土而障之則毁火之焰焰而無水而滅之則人有常性而不導之以禮則易至放蕩作契而維之者乃防水防火之意也
二. 契長以學行德望博古知禮之人推薦付票
三. 副契長亦擇德行人推薦付票契長有故時契務代幹
四. 財務以信實方正直諒者爲定
五. 地方有司以誠勤該事者爲定

九龍亭板上原韻

節目咸座目 俱吾儕所事登 徒然而已哉 名實不相稱
則當時雖燁然 可觀不幾旋爲陳跡 是以右軍亡而蘭亭印

中散逝而竹林蕪薈　豈慕風流尚清虛而已耶　講信
各置韻語一首　使來者興感　乃祖之本志　而於此
不弁髦視之　則幸矣

南耕　吳海建

迢遞雲間百尺臺
九龍噴雪洞門開
削金峯色源川碧
碎玉溪聲般若來
叙嘯鳳鸞響卿鏗
題名蝌蚪破巖苔
築亭種木期千載
寄語後人勤護培

東湖　尹在喜

天借神龍造玉臺
仙風吹拂別區開
薇歌如閒隱倫在
琴韻轉清高士來
萬斛明珠山有瀑
千年洗髓石無苔
儒林此地眞淵藪
儘是前朝雨露培

번역 : (구룡정계안)

남원은 옛날에는 대방국이었다. 용성부 남쪽은 두류산이다. 서쪽은 완주와 이어져 있으며 만일 일이 터지면 반드시 다투어야 하는 땅이 되었기 때문에 영남과 호남의 관방이 된다. 교룡산의 우뚝하고 가파름과 요천의 맑은 흐름은 경치의 뛰어남이 한 지방에서 으뜸이다. 사대부 세계에서 서로 바라는 바, 훌륭한 사람의 덕망이 오고감이 서로 떨어지지 않으며 물건은 많고 땅은 커서 사방을 지키는 관리가 모든 사람의 희망을 삼가하여 가리는 일은 마치 송나라의 본토를 여는 것과 같다. 또한 다락에서의 뛰어난 구경거리와 즐겨 노는 즐거움과 통괄하는 큰 길은 산촌의 읍에 비유할 것이 아니요 진실로 호남에서 가장 큰 도시이다.

내가 하찮은 재주로 이곳에 와서 아침저녁 열심히 한 몇 해만에 다리를 일으키고 축사를 권장하여 산촌이나 강마을에 그 어려움을 찾아 그 공경하는 경향으로 한가로움이 없게 하여 낮고 습한 땅 사이에 항상 몇 사람의 선비가 있이시 나와 무리 지을 수 없음이 인다깝디니 빈드시 이와 더불어 짝하매 고금의 연혁과 원근의 풍속을 말함으로서 내가 미치지 못한 것을 보충함이라. 일전에 주천면 쪽에서 저물어서 이종택의 집에 투숙하게 되었는데 그 사람은 글 읽는 선비라 밤이 되어서 만나니 새로 알게 됨이 또한 많았다. 술병을 들고 서로 위안 하며 진솔한 모임을 이루기도 하고 혹은 산수를 말하기도 하고 혹은 풍월을 읊기도 하며 나로 하여금 갑자기 찾게 된데 대한 염려를 잊게 하며 그 주인은 이렇게 말하였던 것이다.

'옛날부터 좋은 고을에서 재상이 나는 것은 산수의 높은 정이 잊지 않음이 없으며 마치 구양 영수기의 재산이나 양희문의 악양루 높이는 대대로 이러한 일이 있었으니 이는 다 지형으로서 사람에게 소문 난 것이며 지금 군수가 여기에 부임한 지도 여러 해 되었으니 홀로 정겨움이 없겠는가? 이에 그대 또한 하루아침에 전근 해 나간다면 고을 사람들의 생각이 한 가지 물건이라도 의지함이 없다면 어찌 이 밤을 술잔을 나누는 오락으로만 그찰 수 있겠는가? 다행히 그대의 본보기는 주자가 주공의 고사와 같은 것처럼 혹 불후하기도 하고 혹 묘약하기도 하여 먼 지방에 까지 사랑을 남기기도 할 것이니 머물러 우리 고을에 있으면서 마을은 우리 뒷날의 아가위로 보충하는 것이 또한 옳지 않겠는가? 이 마을은 우리 고을에서 산수가 좋은 곳이라 아침저녁으로 만나면 또한 우연이 아니겠는가? 시내는 반야봉 북쪽 벽으로부터 시작하여 흐르고 흘러서 서쪽으로 10리도 못 되어서 구룡폭포를 이루니 옛날에는 사람들이 처음에는 그 뛰어난 경치를 알지 못하더니 이제 이름을 붙이고 정자를 세울 수 있었으니 이는 하늘이 군수를 도운 것이 아니겠는가?"

나는 일어나서 말하였다. "나는 백면서생처럼 아는 것이 없어서 오히려 이렇게 배회하고 돌아보는 사이에 머리는 희어지고 녹만 먹기에 골몰하다가 그만 두는 것을 알지 못하는 것도 또한 두꺼운 얼굴이어서 그대들의 말에 어찌 내가 책임 맡을 일인가? 제공들은 진실로 천명을 그만두지 말고 여러 선비를 좇아 이른바 구룡폭포는 파도가 날고 눈을 뿜으며 울림 소리가 숲을 뚫고 줄지어 바위 위에 앉으면 손바닥을 치며 해 그림자를 옮기기까지 함에 이르러 드디어 여러 선비와 더불어 삼구의 모임을 맺었으니 요긴한 묶음으로 이미 99명을 하여 다 채운 것이니라. 그 아홉에 그친 것은 폭포의 뜻을 따름이다."

동호 윤공은 나이가 제일 많다. 돈 걷기를 함께 하여 정자를 짓고 윤공이 기문을 쓰고 여러 선비들이 나에게 영광이 있게 하니 여러 사람의 뜻을 홀로 사양할 수가 없었다. 옛날 유흔이가 군수 질을 한지 10년 만에 즐겨 산수에 놀고 좋은 정치를 못하니까 백거이가 기룡 하였던 것이다. 지금 내가 여러 선비와 더불어 놀고 또한 정자 기둥 사이에 이름을 붙이게 되니 그 뒷날의 기룡이 있다면 사양치 않을 수가 있을 것이다.

절목이 좌목을 이루고 우리와 함께 짝을 하여 올라보게 되니 의젓할 따름이구나 명분과 실제를 서로 기리지 않으면 당시에 비록 빛났다 할지라도 얼마 안 되어 베풀어서 자취가 볼 수 없는 것이니 이는 우군이 망함으로서 왕희지의 명목을 헛되게 하고 중간에 흩어져 가서 중림이 무잡해져 버리면 어찌 풍류를 그리워하고 청어함을 숭상하겠느냐. 강함을 처음으로 믿어 각각 시 한 수 씩을 짓고 오는 사람으로 하여금 흥을 일으키게 하니 네 할아버지의 본뜻이 이 정자에서 으뜸이 아니어도 볼 수 있다면 다행한 일인 것이다. - 군수 오해건 기 (郡守 吳海建 記)

황산대첩비와 아버지

전라북도 남원시 운봉읍 화수리에는 우리 민족의 자존심 하나가 서 있다. 황산대첩비이다. 1930년대 중반부터 일본은 우리나라 각처에 있는 척왜비의 철거계획을 세우고 각 지방 관서에 철거를 명령하여 자신들을 배척한 흔적이나 우리가 일본을 이긴 기록들을 말끔히 지워나갔다. 아버지가 남원 군수로 재직할 때의 일이니 아버지에게도 이런 명령이 내려왔다. 바로 황산대첩비가 그 대상이었다.

1380년 고려 우왕 6년 삼남 지방은 왜구의 침공으로 전란에 휩싸여 있었다. 18세의 소년장수가 이끄는 왜구가 파죽지세로 밀고 올라와 운봉은 풍전등화의 형국에 놓여있었다. 거기서 무너지면 일본에게 우리 땅을 통째로 내주어야 할지도 모를 정도로 전략적으로 중요한 곳이었다. 화급해진 고려 조정은 이성계장군을 양광, 전라, 경상, 3도 도순찰사로 삼아 운봉에 급파하기에 이른다. 부장 이지란, 정몽주 등

황산대첩비각

을 이끈 이성계 장군은 운봉에 도착해 전황을 파악하고 지세를 살피며 왜구의 섬멸을 위해 치밀한 전략을 짰다. 첨예하고 뾰족한 것이 묘한 산세를 가진 황산에 주목하며 목욕제개한 후 고남산에 올라 기도를 드린 후 전투에 임했다.

이 때 일본의 장수 아지발또는 18살의 어린 나이지만 온몸이 철갑이라 하고 한 끼에 한말 밥을 먹고 황소 한 마리를 먹어치운다는 바람에 우리 군사들이 벌벌 떨고 있을 정도로 사기가 죽어 있었다. 얼굴에도 항상 철가면과 연결된 철 투구를 쓰고 있어서 아무리 활을 쏘아도 화살이 뚫고 들어가지 못하고 튕겨져 나오니 종횡무진하는 그를 당해낼 수가 없었다. 아지발또를 잡기 전에는 전세를 역전시킬 수도 없고 왜구의 섬멸은 매우 어려운 상황이었다.

이성계장군은 명궁 중의 명궁인지라 활로 승부를 내야 하는데 철투구가 문제였다. 부장 이지란도 이성계에 버금가는 명궁이었다. 이지란(퉁드라)은 여진족으로, 우리나라에 귀화해서 이성계와 의형제로 지낼 정도로 생사를 함께하는 심복이었다. 숙의 끝에 묘수를 찾은 두 사람은 작전을 개시하기에 이른다. 기도 끝에 결전의 날을 정하고 두 명궁은 활시위에 국운을 거는 대 결전을 치르게 된다. 이성계 장군이 아지발또의 투구 끈을 화살로 잘라내면 투구가 열리는 순간 이지란의 화살이 아지발또의 목을 관통하여 숨통을 단번에 끊어놓는다는 전략이 그 묘수였다.

결전의 날은 왔고 이성계장군의 화살에 투구 끈은 맥없이 잘려나가 아지발또의 얼굴이 드러나는 순간 이지란의 화살은 정확하게 아지발또의 목을 뚫어 숨통을 끊었다. 아지발또가 말에서 굴러떨어지자 적의 사기도 함께 땅에 떨어지고 우리군의 사기는 하늘을 찌르고도 남을 정도로 치솟아 고려군 보다 10배가 더 넘는 왜구의 대군은 속절없이 무너져 내리고 말았다. 그날 전투에서 격전을 치르며 적병이 흘린 피가 아지발또가 쓰러진 바위를 물들여 오늘날 까지도 불그죽죽하게 물들어 있다고 전해진다. 그날 왜구는 겨우 70명 정도만 목숨을 부지하고 지리산 쪽으로 도주했다고 한다. 그 바위는 피바위라 불리며 아직도 그 계곡에 누워있다. 이 때의 황산대첩 대승이 없었더라면 훗날 임진왜란이라는 역사가 써지지 않았을 것이라는 평가를 하는 사람도 있을 정도로 큰 역사적 대첩이요 승전이었다. 일본이 그 때 우리를 집어삼켰을 것이라는 예측이니 모골이 송연해지는 말이 아니겠는가?

황산대첩에는 전설도 많이 남아있다. 일본에서 아지발또가 출정할 때 그의 누나가 자신의 꿈에 현몽해서 조선에는 황산이라는 산이 있는

복원된 황산대첩비

데 불길하다 했으니 이번 출정은 중지했으면 좋겠다고 말렸다. 이 때 아지발또는 장수의 앞길을 가로막다니 요망한 계집이라며 그 자리에서 목을 베고 그대로 출정했다고 한다. 이성계 장군은 그 황산 전투 동안에 이겨가는 전투를, 승전의 기세를 몰아 그대로 이어가서 적을 쓸어버려야 하는데 어두워오니 안타까워 달이 어서 떠올라 이대로 전투를 계속하게 해달라며 기도하고, 바람이 어서 불어와 달뜨기를 도와 달라고 기도했더니 하늘이 감동해서 그대로 이루어져 승세를 몰아 승전할 수 있었다. 바로 그 격전지 인풍(引風)과 인월(引月) 이라는 지명이 오늘까지 그대로 이어져 내려오고 있다고 전해진다.

이성계장군은 이 황산대첩 대승의 여세를 몰아 왜구를 완전히 섬멸하고 오랜 골칫거리를 단숨에 해결하였다. 아니 나라를 구했다. 풍전등화 같은 고려를 살린 것이다. 이장군의 대승 소식을 들은 전주이씨 종친들은 승전 축하연을 전주의 오목대에서 베풀었다. 그 자리에서 이성계장군은 대풍가를 불러 자신의 속내를 서슴없이 내비친다. 그길로 사실상 조선 개국은 속도를 내고 고려는 썩은 나무둥치처럼 속절없이 무너져 내렸다. 선조10년 1577년에 선조는 이태조의 황산대첩 승전을 기념하는 황산대첩비를 세워 그 공덕을 기리게 된다. 호조판서 김귀영이 비문을 짓고 여성군 송인이 글씨를 쓴 거대한 황산대첩비가 세워졌다. 그 옆의 암벽에는 이성계를 도운 장수들의 이름을 새겨 그 공을 함께 기리고 있다. 이런 황산대첩비가 일본인들에게는 얼마나 눈의 가시였겠는가?

일본은 내선일체를 내세우며 우리 문화를 말살하는 정책을 서슴없이 펴나가기 시작했다. 전국각처에 있는 척왜비들을 철거해 버리는 계획을 세우고 각 지방에 명령을 내려 보낸다. 이 속에 황산대첩비가 포함되었을 것은 불을 보듯 뻔한 일 아니었겠는가? 남원군수인 아버지는 이 명령을 받고 시행에 옮긴 것이 아니라 일본인들을 설득하기 시작했다.

-'역사란 흔적을 없앤다고 해서 없어지거나 달라지지 않는다. 공연히 평지풍파를 일으켜서 옛것을 숭상하는 유림을 자극하면 민심의 이반만 가져올 우려가 크다.'-

대강 이런 것이 아버지가 그들에게 명령을 실행할 수 없는 이유를 설

파비각

명한 내용이었다. 이 말을 전해주며 오빠는 아버지가 얼마나 자랑스러웠는지 모른다고 회고했다.

유림의 반발이 민심을 크게 흔들리라는 엄포를 앞세운 아버지의 설득으로 남원의 황산대첩비는 1944년 까지 무사했다. 통영 충렬사의 이순신장군 충렬묘비가 1943년에 철거된 것을 보면 아버지의 명령거부가 얼마나 대단한 일이었는지를 가히 짐작할 수 있다.

충렬사에서 이순신장군 충렬묘비 훼파 경과 설명을 읽으며 새로 세운 까만 오석의 새 충무공 비석을 보면서 가슴이 뛰던 기억을 잊을 수 없다. 그날 새삼스럽게 아버지가 보고 싶어 제대로 밥을 먹기 힘들었다.

일본은 식민정책에 고분고분 따르지 않고 문화보전, 민심이반이라는 이유 등으로 반대의견을 개진하는 아버지를 연임 시키지 않는 방법으로 잘라내는데 이때가 1943년 1월이다. 군수 직을 떠나는 아버지에게 남원의 유림들은 70인이 그간의 송덕문을 지어 문집을 엮어주는 것으로 애석한 마음을 달래는 역사적 기록을 남기는데 그 서문에 유림대표 노병인 선생은 석별의 마음을 적으면서 황산대첩비를 지키고 문화유적을 지킨 아버지의 공덕을 기리고 있다. 우회적으로 표현 할 수밖에 없는 충정을 행간에서 읽을 수 있는 노선생의 서문을 읽으며 아버지의 노고가 얼마나 컸을까 싶어 눈가가 젖어온다. 일본은 1943년 8월 '남원 유림이 매우 부정하니 유림을 먼저 숙정하고 속히 황산대첩비를 훼파하라.'는 총독부 공문을 내려 보내고 그 해 11월 재차 독촉 공문을 내려 보내 압박한다.

드디어 1944년 7월 15일에 헌병을 시켜 다이너마이트로 황산대첩비를 훼파한다. 이로서 우리나라 안에 있던 척왜비의 완전 철거작전의 막이 내렸다. 비록 끝까지 일본의 만행을 피해 가지는 못했지만 한사람의 소신 있는 관리의 용감한 행동이 어떤 것인지 하는 것과 식민지 백성으로서의 한계에 통분했을 아버지의 모습이 떠오르며 명치끝이 아파온다. 일본도 아버지를 쳐 낸 후라 민심을 자극하지 않으려고 시일을 끌지 않았겠는가?

1957년 10월 27일 황산대첩비를 복원하여 다시 세우고 본래 비석의 조각들을 모아 보관하고 있는 파비각 앞에 서니 마치 아버지의 옷자락을 보는 것 같아 가슴이 뭉클하다.

어휘각 쪽으로 가니 함께 싸운 장수들을 기려 암벽에 새긴 승전 공덕문과 장수들의 이름이 심하게 손상되어있다. 일본인들이 그 때 정으로 쪼아대며 찍고 깎아서 훼손한 것이다. 역부족으로 비록 지켜내지는 못하고 그들에게 훼파당하기는 했지만 그 파편들에서 강한 기가 뿜어져 나오는 것처럼 느껴지는 것은 아버지에 대한 그리움이나 연민 때문만은 아닌 것 같다. 아버지 저는 오늘 여기서 자랑스러운 아버지를 만나서 얼마나 뿌듯하고 행복한지 모르겠습니다. 역시 아버지는 할아버지의 기대를 저버리지 않으셨습니다. 자신이 선 자리에서 최선을 다하셨으니 말입니다.

일제가 훼파한 황산대첩비 잔해를 보관한 파비각

조선총독부가 보낸 공문 인용 논문 일부(남원시청 제공자료)

일본은 패망을 앞두고 이른바 반시국적인 고적을 철거하기 위한 문화유적파괴지령을 내렸다. 국립중앙박물관 일제문서 보관창고에서 발견된 '유림의 숙정 및 반시국적 고적의 철거'에 관한 건이다.

1943년 8월과 11월 전북도 경찰국장과 총독부 학무국장이 각각 발송한 이 문서에는 한반도의 항일민족사상과 투쟁의식을 유발 시키고 있는 민족적인 사적비들을 없애려는 계획이 담겨 있었다. 그 대표적인 유적이 남원의 황산대첩비였다. 운봉면 송홍록 생가인 동편제 탯자리에서 도보로 5분 거리에 있는 황산대첩비지는 1380년 고려말 이성계가 왜군을 물리친 황산대첩을 기리기 위해 1577년(선조10년) 운봉면 화수리에 건립되었다. '고려사'와 '용비어천가'의 내용을 바탕으로 쓰인 이 비문에는 황산대첩에 관한 사실과 비문을 세우게 된 목적, 사정을 싣고 있는데 당시의 전라도 관찰사 백계현이 태조가 승전보를 울렸던 황산이 지명이 바뀌어 잊혀져가니 비석을 세우는 것이 좋겠다는 건의를 하여 왕명에 의해 건립되었다. 비문은 아군보다 열배가 넘는 왜적을 대파함으로서 만세에 평안함을 이었으니 이 업적을 기려 비석을 세운다는 내용이 기록되었다.

그러나 황산대첩비의 운명은 순탄하지 않았다. 태평양전쟁 막바지 무렵인 1943년 8월 18일자로 작성된 공문은 총독부 경무국장 및 각도 경찰부장과 관할 경찰서장에게 발송한 것으로 '남원군의 유림들이 만족적 자부심이 완고하기 때문에 유림을 숙정하고 반시국적 고적을 철거해야한다.'고 기술하고 있다. 공문은 이어 '황산대첩비가 보존가치가 없는데다 이동하기 어렵고 이를 위한 경비 지출 방도가 없어 폭파 이외에는 방법이 없다.'고 쓰여 있다.

4백년 가까이 민족의 수호비로 서 있던 이 비석은 이러한 일제의 방침에 따라 다이너마이트에 의해 산산조각이 났다. 총독부 학무국의 11월 24일자 공분에는 황산대첩비를 비롯해 고양 행주전승비, 청주 조헌 전장기적비, 공주 명람방위종덕비, 공주 명위관앙제비 공주 망일 사은비, 아산 이순신 신도비, 여수 타루비, 여수 이순신 좌.우수영대첩비, 해남 이순신 명량대첩비, 남해 명장량상동정사비, 합천 해인사 사명대사석장비, 진주 김시민 전성극적비, 진주 촉석선충단비, 통영, 남해 이순신충렬묘비, 부산 정발전망유지비, 고성 건봉사 사명대사기적비, 연안 연성대첩비, 경흥 녹보파호비, 회령 고충사타 등 20여개를 반시국적 고적으로 철거하고 있다.

1945년 1월 17일에는 일본인들이 비전을 폭파하고 어휘 새긴 내용을 철정으로 쪼아버려 그 글씨를 알아볼 수 없게 만들기도 했다. 이후 1957년 파손된 귀부를 맞추어 비교적 온전한 모양의 이수는 옛 모습을 되찾았으나 (중략)

- 남원 유림의 중시 서문

(아버지를 전별하며 남원유림 70인이 엮어준 송별시문집의 서문)

序

惟夫南原植撥湖亭邦稱趙魏士習鄒魯而
材庶並全可語邦牧歲戊寅春 吳侯海建從
宰此邦噫無道丕塞島夷肆虐無所不為
其邦雲峯之大捷碑我 太祖王肇國記蹟之
碑府内之忠烈壇主丁八忠殉國安靈之壇裒
忠齋宋呂兩先生真影釋菜之堂誕設廟闕
王真像奉安之廟而倭虜行暴歡偃碑毀
壇撥並頹廟者非止再三惟 侯撥戕篤罵極

道義諭夷以歸化不敢犯手且興學勸農
庠習絃誦而楚餘敦稟續修鄉約勸德
規矣民樂其樂全城晏如一草一木無非他日
棠茇之資矣告將胥溺以壬午冬鮮綬賦
歸再巷已多其蘇之頌而一年就回借寇之
願祖帳贈詩遂克成編若干七十餘首矣
詩以為贐文以敦愛不忘去後之思略敘
如右

歲壬午至月上浣 豐川盧秉仁

번역 : (남원 유림의 증시)

서(序)

오직 저 남원은 호남의 중요한 곳을 차지하여 주를 조위라고도 하며 선비들은 공맹의 도를 익혀서 겸전하니 군수 노릇 할 만 하다. 무인년 봄에 오해건 군수가 이 고을에 원님으로 왔다. 아아! 세상의 도가 막혀서 왜놈들이 학대를 자행하여 그 나쁜 짓을 자행하지 않은 곳이 없다. 운봉의 대첩비는 우리 이태조가 나라를 연 자취를 기록한 비요, 남원부내의 충렬단은 임진, 정유년에 순국한 여덟 충신을 편안히 모신 단이며 양사제는 주자와 여조경 선생의 진영이 있고 석체당, 탄보묘는 관우왕의 진짜 사진이 봉안된 사당인데 왜놈들이 폭악한 행동을 자행하여 비를 넘어뜨리고 단을 부수려고 하여 당을 캐 버리고 묘를 무너뜨리려고 한 것이 한두 번에 그치지 않았다.

오직 군수께서 의를 근거하여 독실하게 꾸짖어 도리를 다 하여 잘 타이르매 오랑캐도 또한 돌아서서 나쁜 손길을 대지 못하고 또한 배움을 일으키고 농사를 권장하여 서당에서는 글 읽고 풍류하기를 익히니 들에는 곡식이 넘쳐나고 계속하여 행약을 수찬하매 덕을 권하고 몹쓸 짓을 규제하니 백성들이 그 즐길 것을 즐겨서 온 지역이 편안하고 안정되니 풀 한 포기 나무 한 그루 뒷날에 신성시될 자료가 아님이 없었다.

세상이 장차 서로 탐닉해 짐에 임오년 해동 후에 글을 짓고 돌아가매 2년만 임기가 더 허락된다면 일부러 계획하지 않고도 저절로 잘 이루어지는 좋은 정치가 많았을 터인데 1년도 더 어진 원님을 만류 할 수 있는 소원을 돌이키기가 어렵게 되어 송별연을 열고 시를 전하니 종국에는 능히 책을 이루어 거의 70여 수나 되는도다. 서로의 전별의 선물로 삼고 글을 지어 사랑에 보답하니 떠난 뒤의 생각을 잊을 수가 없어서 대략 위와 같이 약술하는 바이다.

세 임오 지월 상 노병인

• 송별시문 중 일부

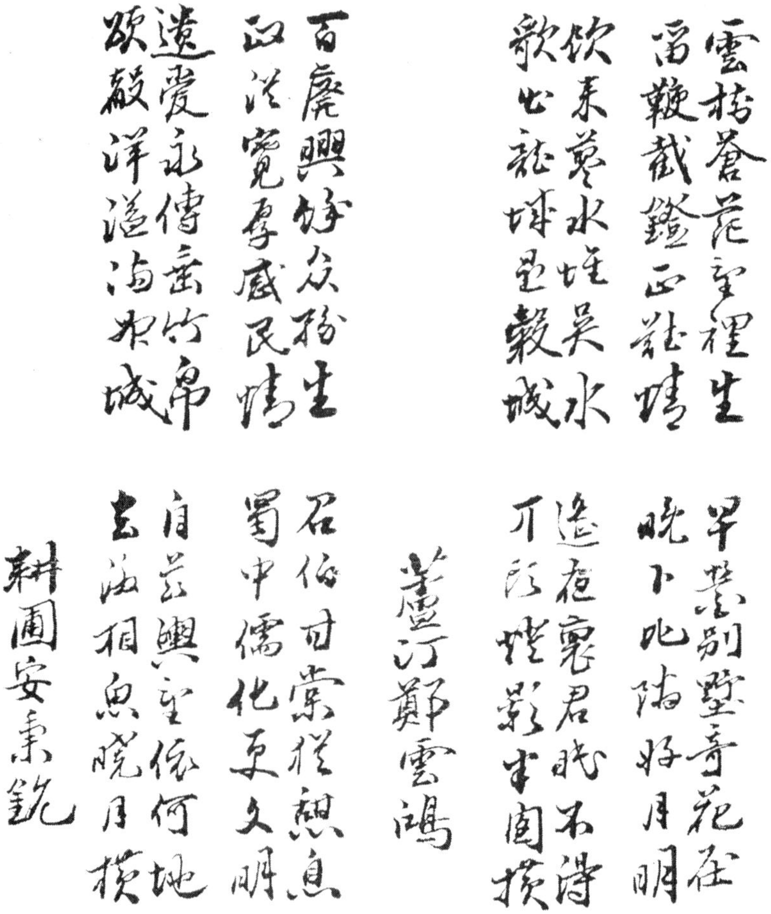

耕圃安秉銃

百發興餘衆務生 온 폐단 잡아 일으킨 남어지 모든 책임 일고
政從寬厚感民情 정치는 관후함 따라 민정을 알음이라
召伯甘棠猶憩息 소백(문왕신하)이 아그배에 쉬듯 오히려 쉬는 자리
蜀中儒化更文明 촉나라 유교로 화하니 다시 문명ㅎ 진다
遺愛永傳垂竹帛 덕을 남겨 영원히 전할 공로록에 기록하고
頌聲洋溢滿州城 칭찬소리 넘쳐와서 골과 읍에 가득하다
自玆輿望依何地 이로부터 여망일랑 어느 땅에 의지할까
去後相思曉月橫 간후를 서로 생각해 새벽달이 기운다

蘆汀 鄭雲鴻

雲樹蒼茫望裡生 구름 나무 푸르러 바라는 속에 나고
留鞭截鐙正難情 머물게 정자 끊을 만큼 정작 정하기 어렵다
早營別墅奇花在 일찍이 별장 경영하여 기화가 있는 곳에
晩卜比隣好月明 늦게 터한 이웃간은 좋은 달처럼 밝았다
飮來蓼水唯吳水 요천수를 마셔오며 오수로 여기고 있으니
歌出龍城是穀城 노래가락 남원에서 나와 이것이 벼골이다
遙夜懷君眠不得 먼 밤에 그대 생각하며 잠을 얻지 못하니
丌頭燈影半窓橫 책상머리 등그림지 반은 창에 기울었다

2

깨어진 꿈, 민족의 아픔

관리에서 경영인으로

아버지는 남원 군수에서 조선목재회사 전무(전북 지사장)로 새로운 일을 시작하였다. 일본인들도 아버지를 그냥 잘라버리지 못할 만큼 아버지는 역량 있고 소신 있는 분이어서 일본인들도 함부로 대하기 어려운 저력 있는 관리였던 모양이다. 자리를 마련해주며 쳐낸 걸로 보아서 그럴 것 같다는 생각이 들 뿐 돌쟁이가 무엇을 알 수 있었겠는가? 아무튼 태어나자마자 아버지를 낙마시킨 꼴이 된 어린 것은 아마도 복이 없는 아이라는 구설을 들었을지도 모를 일이다. 하지만 그런 소리를 주위에서 한마디도 들어본 기억이 없으니 아버지의 사랑이 워낙 지극해서 아무도 그런 생각을 할 수 없었나보다. 행정가의 솜씨는 기업의 지사장 역할도 성공적으로 수행했다.

전주로 이사를 하고 2년 반이 지난 1945년 8월 15일 우리나라는 광복의 기쁨을 누린다. 아버지는 본사 부사장으로 발탁되어 1945년 가을 서울로 올라와 본격적으로 경영인의 길을 걷기 시작했다. 서울 중구 저동 2가 14번지, 지금의 영락교회 선교관 자리에 있던 일본인의 저택인 적산가옥을 불하받아 서울살이의 새 둥지를 튼 우리 가족은 단란하고 행복했다. 나는 어머니의 손에 이끌려 애국유치원에 들어갔다. 지금의 서울 YWCA자리에 있던 그 유치원은 마당이 넓었다.

우리 집은 대지 400여평에 아름다운 정원과 넓은 채마 밭이 딸린 2층 일본식 가옥으로 매우 넓어 방이 여러 개였는데 건평은 잘 모르겠다. 어머니가 450평 집이었다고 주문 외듯 했기에 그것만 알고 있을 뿐 건평은 들은 적이 없어 모른다. 아무튼 긴 복도가 집을 휘돌아 감싸고 있는 구조의 집인데 앞쪽은 채마 밭이 넓게 자리 잡고 있었다. 지금의 평화방송 앞으로 삼일로 길을 따라 올라가다 보면 영락교회 선교관 뒤쪽이 되는데 자세히 보면 약간 언덕의 흔적이 보인다. 그 언덕 마루턱 바로 밑에 우리 집이 있었다.

집 앞에 서서 오른쪽으로 있는 큰 대문을 들어서면 왼쪽에 사랑채 같은 작은 집 한 채가 있다. 중문을 들어서 몇 걸음 걸어 계단을 오르면 공간이 약간 있고 현관이 있다. 현관을 들어서면 현관방이 있고 그 방을 거쳐 들어가면 왼편에 2층으로 오르는 계단이 있다. 계단 옆에 왼쪽으로 꺾이는 복도를 따라가면 부엌, 화장실, 목욕실 등이 있고 그 사이사이에 방들이 이어져있다. 오른쪽으로는 안방과 그 앞에 또 큰 방이 미닫이문으로 나뉘어져 있어 열면 한 방이어서 사실상 안방의 공간이었다. 그 방 앞으로는 현관 쪽에서 똑바로 이어지는 복도가 있다. 그 복도 앞 창 밖에 채마밭이 있다. 그 복도가 왼쪽으로 꺾어지면서 오른쪽으로 또 방이 있고 그 앞으로 복도가 이어진다. 안방에서 옆으로 문을 열고 나가면 그 꺾인 복도가 이어지고 그 앞쪽이 일본식 정원이다. 그 끝의 담장이 영락교회와 중부경찰서 담장이었다. 지금은 모두 영락교회가 되었다.

2층은 아버지의 넓은 서재와 오빠의 작은 서재, 여러 개의 방들이 있었고 거기서 지방에서 올라와 학교에 다니는 친척들이 여러 명 묵고 있었다. 새언니의 남동생 고려대학생, 어머니의 사촌동생 건국대학생, 일가인 서울법대생 등이 상주하는 사람들이었고 항상 많은 사람들이 드나들며 묵었다. 아버지의 사업장인 강원도 산판의 관계자들을 비롯해서 일하는 사람들과 여러 부류의 손님들이었다. 그 시절에는 서울에 와 사는 집은 지방 사람들의 당연한 거처이던 때였다.

사돈인 고려대학생은 90이 가까운 연세에 아직도 건강하고 행복한 노인이고 어머니의 사촌은 북의 의용군에 끌려가 낙동강전투에서 스러졌다. 서울법대생은 6·25때 피신했던 아버지가 밤에 잠깐 숨어들어왔다가 새벽에 피해 나가려는 것을 내무서원에게 알려줘 납북 당하게 한 원수가 되었다. 그 일로 어머니는 남편 잇긴 한 위에 분노의 한 또 하나를 더 얹어 가슴을 쳐야했다. 9·28 수복 후 김제경찰서에 잡혀간 그를 풀어주라고 탄원해 새 삶을 살게 해 준 사람은 바로 오빠였다. 어머니가 돌아가시던 날 그 사람을 교장자리에서 끌어내리려 달려가고 싶었지만 마음뿐이었다.

지금 생각하면 오빠가 참 잘한 것 같다. 그 사람 벌한다고 우리 아버지가 돌아오실 것은 아니지 않느냐며 살려주라고 했다는 오빠의 말은 백번 옳은 말이니 말이다. 큰집에 살았다고 잘난 척하고 싶어서가 아니라 이렇게 해서라도 엄마 아버지와 함께 호흡해 보고 싶어서 이런 넋두리를 늘어놓고 있는지도 모른다. 그 당시 우리집이 자리 잡은 저동언덕은 비록 좁기는 했지만 남산에서 내려와 종로 쪽으로 이어지는 직선도로로서 매우 중요하고 중심적인 길목이었다. 현재의 영락교회 선교관 뒤쪽에 위치한 이곳은 삼일로 큰길의 인도로 되어 있으나 그 당시는 그 부분만이 도로였고 삼일로 넓은 길은 명동성당이었다. 대한민국 정부 수립 직전에 극렬하게 대립각을 세웠던 신탁통치 문제를 놓고 찬탁과 반탁의 양대 세력이 서로의 의견개진을 위해 데모를 벌였는데 신탁통치 결사반대를 외치며 한 무리가 지나가면 곧바로 신탁통치 절대찬성의 구호를 외치는 무리가 떼를 지어 지나가는 소용돌이가 계속되는 것이 우리집 앞길이었다. 머리에는 자신들의 의지를 새긴 머리띠를 질끈 동여매고 태극기를 손에 들고 목이 터져라 외치며 흐르고 흐르던 사람의 물결로 넘실대던 곳, 미군정에서 대한민국 건국으로 이어지는 숨 가쁜 한반도의 정세를 그대로 보여주던 축소판 현장, 그것이 예닐곱 살 어린아이의 눈에 비친 저동언덕의 풍경이었다.

태백산에 아버지의 사업장인 산판이 있어 그곳으로 사람들이 오가느라 강릉이라는 말을 자주 들어 익숙한 곳으로 머리에 남았다. 그 당시의 산업구조상 목재채취사업은 매우 중요한 산업이었으나 교통여건이 어려워 한강을 이용하는 등 수송문제가 아주 큰 난제였다.. 11시간 이상을 가야 한다며 도시락, 주먹밥 등을 만들어 보따리를 싸는 모습은 어릴 때 거의 일상처럼 보았다. 오죽하면 아버지가 현장에서 서울까지의 철도건설을 정부에 제안하는 아이디어를 냈겠는가? 그 당시 경제 형편이나 나라 살림의 여러 가지 면을 생각하면 감히 엄두도 못 낼 제안을 한 셈이니 참 대단한 분이라고 할 수밖에 없는 일이다. 아마도 아버지가 납북되지 않고 계셨다면 능히 그 일을 추진해 내고야 말았을 것이라고 접안 어른들은 회고하며 아쉬워했다. 아버지를 돕던 두 분의 고종사촌 오빠들이 나를 무척 귀여워해 주었는데 한 분은 산판일을 맡아 했고 한 분은 아버지를 그림자처럼 보좌하는 분신 같은 역할을 했다. 두 분은 거의 식구였다. 이 분들이 아버지 곁에 계셔서 아버지는 마음껏 사업을 벌일 수 있었을지도 모를 만큼 아버지와 혼연일체가 되어 일하셨던 것 같다.

항상 손님으로 넘쳐나고 서울역은 집 앞 버스 정류장만큼 친숙한 이름으로 자주 듣는 말이었다. 수하물을 자주 찾아오느라 분주하고 강릉에서 보내왔다는 토종꿀 병은 지하실에 줄을 서 있었다. 아버지는 친구 분들을 불러 주안상을 벌이는 일을 거의 매일 하시는 것 같았던 게 어릴 적 기억이다. 아버지가 정치에 뜻을 두고 있어서 그랬는지는 잘 알 수 없지만 백관수 선생을 비롯한 그 당시의 지도급 인사들이 많이 드나들었다.

그 어른들의 과자 선물들은 대부분 시중에서 사기 힘든 초콜릿, 비스킷 같은 것들이었다. 아버지에게 나는 눈에 넣어도 아프지 않은 딸이었다는 표현이 맞을 정도로 지극한 사랑을 받고 있는 아이였다. 아버지가 마흔다섯에 낳은 늦둥이였으니 짐작할 만하지 않은가? 아버지 주안상의 으뜸 안주는 내 재롱이었다. 그 때 재롱의 메뉴는 노래나 춤이 아니라 신탁통치결사반대를 소리높이 외치며 주먹을 불끈 쥐고 하늘을 향해 치켜 올리는 것이었다. 유치원생이 그 짓 하는 것을 상상해 보라 얼마나 앙증맞았겠는가?

임영신 상공부 장관을 초청해서 큰 연회를 베풀었는데 그날 임 장관은 나를 무릎에 앉히고 꼬옥 안아 주며 귀여워해 주었다. 그날도 역시 이 재롱을 앞에 나가서 신나게 펼쳐 보이고 나면 덥석 안아주며 아버지를 건너다보았다. 똑똑하다고 칭찬을 아끼지 않던 그날 임장관의 분홍빛 도는 뺨이 어찌나 고와 보였던지 하마터면 만져볼 뻔 했던 기억은 지금도 어제 같다. 너도 커서 아버지처럼 훌륭한 사람이 되겠다는 덕담에 흐뭇한 미소로 답하며 어린 딸을 지긋이 바라보던 아버지의 얼굴을 지금도 잊을 수 없다.

그리고 경찰들이 우리 집 정원 앞 담장위에 새까맣게 올라서서 지키던 모습은 얼마나 인상적이었는지 모른다. 그것보다도 더 신기하게 보였던 것은 임장관을 화장실 까지 따라가는 경찰관들의 모습이었다. 남자만 우쭐거리던 세상에 여자에게 깍듯이 대하는 남자들의 모습이 어찌나 통쾌했던지 모른다. 이런 것이 그린 생각을 했으니 여성운동은 팔자였는지도 모르겠다.

그날 머리위에 아이 키 만큼이나 높은 하얀모자를 칼날처럼 접어 쓴 요리사들이 화덕에 연료까지 갖춘 요리도구 일체를 싣고 소위 출장요리라는 것을 나왔다. 당시 우리집은 가스가 배관되어 공급되는 부엌이었지만 그것만으로는 자신들의 요리를 제대로 만들기 힘들었던 모양이다. 국일관에서 온 사람들이었고 임영신 장관이 청요리를 좋아해서 그

당시 상공부임영신장관으로부터 받은 금광업 허가서

들을 초청했다며 일하는 언니들이 신기해하면서 잔심부름을 했다. 어린 내가 얼마나 신기해서 흥분했을지는 상상에 맡긴다. 그 외에도 고위급 인사들을 초대한 파티들이 열리는 등 우리 집은 매우 분주한 나날을 보내고 있었다.

이렇게 미군정에서 새나라 건국으로 이어지는 역동적인 시기에 아버지는 정치에 뜻을 두고 있으면서도 우선 자신의 사업을 시작하는 일에 열을 올렸던 것 같다. 아버지는 산판 외에 조선광업주식회사를 창립하고 고향 김제에 일본인들이 채취를 중단했던 폐 금광을 다시 출원하여 흥국산업개발주식회사로 확장 설립해서 지역경제 활성화에도 기여 하였다. 일본인들이 금산사의 큰 금불상을 보고 김제, 금구 등의 지명과 금산사라는 절 이름에 모두 쇠금(金) 자가 들어있다는데서 아무래도 이 근처에 금이 났을 것이라는 확신을 갖고 개발에 성공했다는 사금광이었다.

어렵게 사업을 이루어내고 순조롭게 금을 채취해 나갔다. 채취한 금은 금괴로 만들어 한국은행에 납품하고 현찰을 받아 진고개를 넘어 저동 집으로 운송해 왔으니 참 낭만적인 시대 아닌가? 그 수송의 총책임자는 아버지의 비서실장격인 고종오빠(이병익) 였다. 국가의 금보유분 증가에도 일익을 담당했으니 아버지는 새나라에 한

아직도 보관중인 당시 사용하던 금저울

몫 단단히 기여한 셈이다.

이렇게 경영인의 길을 걷던 아버지는 2대 국회의원 선거인 5·30선거에 입후보했다가 낙선의 고배를 마셨다.

드디어 6·25가 터졌다. 그 난을 피하지 못하고 1950년 9월 4일 새벽 저동 집에서 납북되어 오늘까지 생사는커녕 일자소식도 모른 채 돌아오지 못한 사람이 되었다. 금을 제대로 채취하기 시작해 금광운영도 순조로워 아버지는 명실상부한 큰 사업가로 나래를 펴고 급부상하기 직전에 전쟁이 났던 것 같다. 그 때 아버지는 54세, 어머니는 마흔도 안 된 서른여덟 살 미모의 여인이었다. 아홉 살짜리 딸 하나를 데리고 적지에 홀로 남은 어머니는 혼자 길을 찾아다니기도 힘들어하는 정도의 온실 속 화초 같은 여인이었다.

백일해가 원수

아버지의 늦둥이로 태어난 나는 날 때는 뼈대가 강하고 꼭 남자 같이 골격이 크고 강건한 아이였다고 한다. 뼈에 가죽만 씌워진 것처럼 살은 없었다는데 무게가 너무 많이 나가서 일본인 산파가 평생 받아본 아이 중에 일본인 남아도 이런 무게는 처음이라며 저울이 고장인 것 같다 해서 도립병원 저울을 날라다 달았다니 짐작이 갈 만하다. 그 저울도 여전히 거대아의 무게를 표시하고 있었단다. 어머니는 1관 700이었다고 주문 외듯 말했지만 아무래도 그렇게까지는 아닌 것 같고 약 5킬로그램 정도를 육박하는 특별히 큰 아기였던 것 같다.

그런데 웬일인지 자라면서 병치레를 많이 하고 생사를 넘나드는 일이 많아 부모님 애간장을 어지간히 녹인 아이였다. 오랜 설사로 죽을 것만 같았고 뇌막염까지 앓아 혹시 바보가 되지나 않았을까 싶어 학교 들어갈 때까지 어머니는 마음을 놓지 못했다고 회고했다. 애국유치원을 햇수로 3년을 다녔는데 총 출석일수를 다 합해도 1년분에 못 미친다고 할 정도로 결석을 밥 먹듯이 하고 병원은 출근을 하던 어린 시절이었다. 주치의라 할 성누가병원의 박병래 원장님이 진찰을 하면서 너는 아플수록 잘 자라는 아이인가 보다며 날마다 크니 콩나물이로구나 하시면서 머리를 쓰다듬던 기억이 새롭다. 그 병원자리는 지금 평화방송 올라가는 길 모퉁이로서 성당 관련 건물이 들어서 있다.

이렇게 병치레를 하면서도 나이가 돼서 교동초등학교에 입학했다. 보통 자동차길 하나 청계천 다리 하나 을지로, 종로, 전차길 두 개 이렇게 많은 장애물을 넘어가야하는 먼 거리를 나는 잘 다녔다. 보호자를 딸려 보내려는 어머니에게 만약 사람 따라 보내면 학교에 가지 않을 것이라고 고집을 부려 기어이 혼자 다녔다. 꼬마 때부터 객기를 부렸던 것 같다. 개를 무서워하는 지라 등굣길에 큰 쉐파트가 길을 막고 서 있어서 슬그머니 되돌아오던 기억도 있고 하교 길에 파고다 공원 앞 국일관 골목 입구 코너 건물에 큰 화재가 나서 놀라 쓰러져 병원으로 실려 간 일도 있다. 그 건물은 덕원빌딩 이라는 간판을 조그맣게 달고 오래 서 있어서 그 앞을 지나갈 때마다 옛 생각을 하곤 했는데 이제는 헐려져 없어지고 새 건물에는 YBM어학원이라고 크게 씌어있다.

학교에 보내놓고 마음 졸이던 어머니가 첫 번 일제고사에서 만점을 받자 비로소 안심했다. 뇌막염을 앓고 나처럼 뇌가 상하지 않는 경우는 거의 600만 명 중 하나 정도의 행운이라는 사실을 나중에서야 알았다. 참 감사한 일이다. 중학교 2학년때 전주예수병원에 진료 받으러

애국유치원 소풍 / 덕수궁 석조전 앞 (1947)

갔을 때 소아과 전문의인 외국인 부원장의 말인데 그 말을 한 의사는 태어났을 때 보다 머리가 오히려 더 좋아졌을 수도 있다고 했다. 그 말이 맞을 것 같다는 생각을 했다. 공부에 열중하지 않고 그날그날의 예습 복습만으로 상위권을 놓치지 않은 것을 보면 그 말이 맞는 것 같기도 했다. 아무튼 병치레를 하는 것 말고는 여러 가지로 부모님을 흡족하게 하는 아이로 자라고 있었다. 병치레를 이겨 낸 것은 어머니 태중에서 먹은 보양식 덕인 것 같다.

임신 10달 동안에 아버지는 거의 반 강제로 황소 2마리를 전골을 내서 어머니에게 먹였다. 그 뿐 아니라 여수에서 날라다가 하루도 빼지 않고 전복을 먹였다니 아이가 얼마나 튼튼히 자랐겠는가? 아마도 그런 많은 생활비는 매우 부유한 외할머니가 감당했을 것이다. 그런데도 병약하니 인삼 녹용에다가 담글 정도로 약을 먹였다. 어릴 적 아버지를 따라 한약방에 가서 작두로 녹용 써는 것을 보고 신기했는데 그 때는 그것이 무엇인지 몰랐다. 이런 연유로 나는 평생 건강한 체력 덕을 보고 지낸다. 반면 지금도 살과의 전쟁은 계속 중이다.

1948년 7월 17일 대한민국헌법을 제정하고 이어 8월 15일에 정부가 수립되어 대한민국이 건국되었다. 신탁통치문제를 둘러싼 찬탁 반탁 운동에 종지부를 찍고 미군정이 소임을 마치고 물러났다. 1950년 5월 30일에 제2대 국회의원 선거를 실시하기로 결정되었다. 아버지는 고심 끝에 입후보를 결심하고 고향 김제에 출사표를 던지기로 했다. 아버지의 군수임지이기도 했던 김제에서 아버지의 인기는 아주 좋았다. 군수시절 많은 일을 했고 능력이 탁월할 뿐만 아니라 인간관계가 좋은 아버지는 탄탄한 인기를 누리고 있었다. 그러나 바로 그 일제 강점기하의 군수 경력이 상대방 후보에게는 좋은 공격대상이 되었다.

오빠는 아버지의 입후보를 강력히 반대했으나 대부분의 측근들은 찬성하였고 고향의 많은 사람들이 아버지에게 고향을 위해 꼭 일해 달라고 힘을 실어주며 강하게 권유하였다. 이런 상황에서 아버지는 결국 입후보를 결심하고 김제로 내려갔다. 어머니도 따라 내려가고 나만 일하는 사람들 틈에 홀로 서울 집에 남아 학교에 다니게 되었는데 그동안 심한 백일해에 걸렸다. 사람들의 애를 태우며 차도를 보이지 않는 병세는 날로 악화되기만 했다. 부모님의 보살핌이 없으니 아무래도 제대로 치료를 받지도 못했을 것이고 그러다보니 치료의 때를 놓쳤던 모양이다. 병원에는 열심히 다녀도 기침은 더욱 심해져서 강아지 짖듯 컹컹 거리며 지냈다. 계속된 치료로 생명에는 지장이 없었겠지만 무던히도 애를 태우게 했다.

투표일인 5월 30일 저녁 귀를 쫑긋 세우고 라디오 앞에 앉아 밤을 새웠으나 승리의 월계관은 영영 아버지를 외면했다. 9살 어린 가슴에 그 밤의 충격은 커다란 구멍으로 남아 아직도 메워지지 못하고 있다. 자란 후에도 줄곧 선거 때면 개표 장소를 찾아나서는 버릇이 생겼는데 그 때의 트라우마 때문인 듯 하다. 나 자신이 반장, 대의원 총학생회장 등 재학시절에 여러 가지 선거를 치루면서 대부분 무난히 당선되는 축에 들어서 선거 트라우마는 많이 없어졌다. 여학교 때 전교생의 직접 투표로 총학생회장에 당선되었을 때는 아버지께 큰 효도라도 한 것 같아 매우 흡족하고 으쓱한 기분이 들었다. 어른이 된 후에 세상의 여러 선거에 나갈 경우가 많았지만 최선을 다할 뿐 승부에 목숨을 걸지는 않게 되고 그래서 그런지 낙선의 고배도 마시게 될 때가 있었지만 그 결과에 쉽게 승복하고 마음 편히 잘 받아들이고 연연하지 않을 수 있어 좋았다.

낙선의 충격도 크고 뒷정리도 해야 하고 이래저래 아버지는 그대로 김제에 머물고 어머니만 상경했다. 화병 겸 몸살을 심하게 앓은 어머니는 내 백일해 때문에 고심하다 못해 아버지에게 상경을 독촉했다. 백일해에 특효인 김제 만경강의 빠가사리라는 물고기를 들고 아버지는 6월 18일 급히 올라오셨다. 원수의 6·25가 터지기 딱 1주일 전이었다. 고향에 계셨다면 무사할 수도 있지 않았을까 하는 생각이 들면 한

없이 미안해진다. 내 백일해만 아니었으면 그 때 아버지가 상경하지 않았을 것이고 그랬으면 횡액을 면할 수도 있었으리라는 생각이 자란 후에 항상 내 머리를 떠나지 않았다. 그래도 가족이나 일가친척들까지도 어느 한 사람 그런 말로 내게 상처를 주지는 않았다. 그 원수의 백일해는 어머니 친구인 제약회사 사장 댁 덕택에 많이 구해 둔 항생제를 계속 투약할 수 있어서 나를 죽이지 못하고 물러났다. 아버지의 정성 담긴 빠가사리탕이 효험을 보인 것이 우선이었을 수도 있다. 아버지를 잃고 목숨을 건진 셈이다. 아무튼 백일해가 원수였다.

독 안에 든 쥐

1950년 6월 25일 일요일 점심을 먹은 후 가족들은 정원이 내다보이는 안방 앞마루에 앉아 한담을 나누고 있었다. 아버지는 등의자에 앉아 계셨다. 아름다운 여름 정원을 한가로이 내다보며 식구들이 아버지와 정담을 나누는 일이 마지막이 될 줄을 그 때 안 사람은 아무도 없었나. 라디오 방송이 국군 장병의 귀대 명령을 전하고 38선에서 교전이 좀 있었지만 우리 국군이 잘 격퇴시켰다는 정도의 보도가 나온 터라 약간 뒤숭숭하기는 했지만 당국의 발표가 별것 같지 않아서 그저 그 일이 화제거리가 될 정도의 분위기였다.

시간이 지나면서 우리 집 중문 밖에는 피난민들이 몰려들어 물과 밥을 제공하느라 부엌이 바빠졌다. 허기와 목마름을 면한 그 분들은 우리에게 어서 피난길을 뜨라고 성화였고 우리는 별일 아닌데 호들갑을 떨고 피난길을 떠서 생고생을 한다며 마땅찮게 생각했다. 어른들은 나라를 믿을 것이지 저렇게 방정들을 떠니 참 백성을 이끌고 가기 힘든 일 아니냐며 혀를 차기도 했다. 그때 의정부 동두천 쪽에서 왔노라며 우리에게 왜 서둘러 피난길을 뜨지 않느냐고 성화를 대던 순박한 사람들의 말에 귀를 기울였더라면 우리 가족은 화를 면했을지도 모른다.

아무튼 그들은 한강을 건너갔고 우리는 서울 한복판에 그대로 남았다. 이승만 대통령의 안심하라는 방송을 지하실에서 듣고 이튿날 아침에 나와 보니 탱크가 서있었다 소련제 탱크가…. 한강 인도교가 끊어졌다는 것은 조금 후에 알고 대통령의 육성방송 장소가 경무대 아닌 대전의 충남 도지사 관사였다는 것은 훗날 역사를 통해 알았다. 이렇게 어이 없이 서울시민은 하루아침에 독안에 든 쥐 신세가 되어 혹독한 석 달을 견디며 결단이 나고 말았다.

해마다 시골에서 쌀이 올라와 쌀가마니가 가득 쌓여 있곤 했는데 그해에는 선거 때문에 경황이 없어 우리 집에는 쌀 서말 정도밖에 없이 6·25를 만났다. 그러니 우리 식구가 먹기에도 부족한 양식이었다. 그런데도 아버지는 친구 댁에 쌀을 좀 나누어 주라고 어머니에게 부탁했다. 쌀이 모자라기도 할 뿐더러 그 어른은 국회의원에 당선된 터라 연락을 받고 피난길을 뜨면서 아버지에게 귀띔을 해주지 않고 혼자만 피했다는 것 때문에 어머니에게 괘씸죄가 걸려 있었다. 게다가 양식을 넉넉히 갖고 있는 것처럼 오해를 받거나 들키면 그것도 큰일인데다 현실적으로 운반할 일이 심각한 일이었다.

이런 상황에서 어머니는 난색을 표했지만 아버지의 간곡한 부탁은 드디어 남에게 퍼주기 좋아하는 어머니의 보시 본성을 움직였다. 어머니는 인민군의 눈을 속여야 하기에 다리 안쪽에 긴 자루를 만들어 쌀을 채워 넣어 매달고 집을 나섰다. 그 댁은 당시 저동 동사무소 뒤쪽에 있었는데 그렇게 먼 거리는 아니었다. 그런데도 몇 걸음 못가서 앞으로 꼬꾸라질 것 같아 아주 힘겹게 겨우 그 댁까지 갔다고 어머니는 그 때를 회상했다. 어머니 아버지는 이런 분들이셨다. 왜 이런 분들이 화를 당해야 했는지 지금 생각해도 억장만 무너질 뿐 이해가 되지 않는 일이다.

졸지에 적지에 버려진 신세가 된 서울 시민들은 굶주림과 공포에 떨게 되었다. 근대 몇 이파리가 뜬 희멀건 보리죽이 석 달 내내 유일한 밥이었다. 공습경보가 시도 때도 없이 울려대고 아버지는 어디론가 사라지고 어머니는 초인종이 울릴까봐 하루 종일 전전긍긍했다. 우리 집에서 일하던 언니가 의용군에 간다고 집채만 한 보따리를 꾸려 들고 나갔다. 여성동맹인가 뭔가 하는 여자들이 와서 어머니의 소지품에서 마음대로 다 꺼내서 꾸린 짐 보따리였다. 어려서 소상히 기억하지 못해 다 쓸 수 없는 것이 심히 유감이다. 아무튼 목숨이 붙어 있어서 사는 것일 뿐 이미 산목숨이 아니었다.

어머니가 농지기에서 비단 치마감 한 자락 꺼내들고 나가면 보리 한 줌쯤 바꿔 들고 들어와서 또 며칠을 연명할 수 있었다. 근대가 그 해 여름 서울 시민을 아사에서 건진 1등 공신이라는데 근대는 원래 베어내면 이내 곧 자라나곤 하는 성질을 가졌다. 특히 6·25전쟁 중에 서울의 근대는 베고 돌아서면 금세 수북이 자라주는 고마운 풍작이었다고 한다. 어머니는 일부러 수건을 머리에 쓰고 험하게 보이게 모양새를 꾸미느라 애를 썼다. 인민군인지 내무서원인지 하는 사람들이 수시로 드나들며 아버지를 찾고 감시를 게을리 하지 않았다. 그뿐이 아니었다. 일하던 언니가 의용군에 가기 전에 우리 집 마루 밑에 쌀가마니가 그득하게 감춰져 있다는 거짓 신고를 하는 바람에 인민군들이 떼로 달려 들어와 온 집을 벌집 쑤시듯 해 놓고 가기도 했다. 만약에 나중에 쌀이 나오기만 하면 모두 죽을 줄 알라는 협박을 잊지 않았음은 말 할 것도 없다.

이런 속에서 숨을 죽이고 지내는 동안 시간은 흘러 9월로 접어들었다. 밖에 나가면 군복 입은 사내가 내 갈래머리 땋은 것을 잡아당기며 이 반동분자놈의 에미나이레, 하면서 아프게 끄들렀다. 견디다 못해 어머니에게 사정사정해서 그 머리를 짧게 잘라 단발머리를 만들었다. 그런가 하면 성당 뒤뜰 넓은 공터의 문을 지키는 인민군 소년 병사는 우리들 애원에 먹꽈리도 따다 주고 건빵도 나누어 주며 자기 조카생각이 난다고 눈에 이슬을 보이기도 했다. 돌이켜 보면 그렇게 따뜻한 가슴을 가졌던 소년까지도 체제의 희생양이었던 것이 우리의 서글픈 현실이었다. 뒷집 숙이 랑은 여럿이 자문 밖으로 자두장수를 하러 다니고 그것이 부러워 문밖에 앉아 공연히 처량한 생각이 들어 못 가게 하는 어머니를 원망하며 그들이 돌아올 때까지 목을 늘이고 기다리기도 했다. 띠로 따지면 10살이지만 음력 선달그믐 하루 전이 생일이어서 9살배기인 셈이니 무슨 철이 들었겠는가?

여성동맹이라는 사람들이 뻔질나게 드나들며 어머니를 찾고 꼭 나와야 한다고 으름장을 놓으면 일하는 할머니가 능청맞게 둘러대고 어르고 달래서 보내곤 했다. 하루는 그 날 중앙극장에서 큰 대회를 하니 꼭 와야 한다고 다짐을 하고 돌아갔다. 어머니는 일찍 나가 집에 없고 시간은 돼 가는데 궁금하기 그지없었다. 무슨 대회를 하기에 그렇게 가기 싫어하는 어머니를 잡아갈 듯이 꼭 오라고 엄포를 하는 것인가? 아무래도 궁금해 좀이 쑤셔서 집을 나섰다. 중앙극장은 지금 중앙 시네마 바로 그 자리이니 우리 집에서 그야말로 엎어지면 코닿을 만큼 가까운 거리가 아닌가.

극장 앞에 갔더니 사람의 그림자도 비치지 않았다. 이미 시작해서 사람들이 다 들어간 후였다. 그렇게 사람을 오라고 귀찮게 하더니 거짓말을 했나 싶어 문을 살그머니 밀어보다가 하마터면 외마디 소리를 지를 뻔했다. 그 안이 눈부실 정도로 휘황하게 밝고 물끼얹은 듯이 조용한 속에서 어느 여자가 열변을 토하고 있었다. 무슨 소리인지 알 수도 없을 뿐더러 누군가가 와서 내 덜미를 낚아챌 것 같은 공포감에 얼른 문을 닫고 줄행랑을 쳤다. 정식 참석은 아니지만 겨우 9살에 이미 여성들의 큰 모임을 구경했으니 훗날 평생 여성단체 일에 관여하며 살 수밖에 없지 않았겠나 싶은 생각을 해보기도 했다.

근대 죽 한 순갈

밤이면 조명탄이 대낮같이 천지를 밝히고 폭격에 시가지가 불타는 광경을 내려다보기도 하고 숨 막히는 격전의 나날을 보내는 동안 거리에는 온통 붉은 색으로 칠해지는 면적이 날마다 늘어가는 우리나라 지도가 덕지덕지 나붙고 급기야 부산 근처만 손톱 만하게 하얀 공백이 마치 점 정도로만 남아서 애를 태우게 했다. 공산당의 기세는 점점 등등하기만 해가는 것 같았다. 우리만 아무 정보가 없어서 몰랐지 그 때 이미 낙동강 전투에서 그들도 엄청난 피해를 입어 힘이 약해지기 시작했다. 아무튼 그렁저렁 9월을 맞았다. 그러나 9월 초나흗날 우리 집은 풍비박산의 위기를 면하지 못했다.

9월 3일 밤에 아버지는 몰래 숨어 들어와서 우리 모녀를 끌어안고 볼을 비볐다. 어머니는 왜 왔느냐며 걱정스레 울먹였고 아버지는 금세 가겠다 했다. 너무 걱정이 되어 도저히 참을 수 없어 잠깐 보기만 하고 가려고 왔다는 아버지는 웬일인지 그밤을 우리와 함께 보내고 새벽에 가겠다 했다. 나는 아버지 품에서 곤히 잠들었다가 수선수선한 분위기에 눈을 떴다. 앗 이게 무슨 일인가? 아버지는 손이 묶인 채 군복 입은 사내 옆에 서 있고 어머니는 사시나무 떨 듯 하면서 명령대로 무언가를 하라는 대로 움직이고 있는 상황이 벌어지고 있었다. 아버지는 굳은 표정으로 의연하게 서 계시느라 안간힘을 쓰시는 것 같았고 어머니는 겁에 질리기도 하고 엄청난 불행을 예감이라도 한 듯이 잔뜩 울상이었다. 카키색 군복을 입은 내무서원이라는 그 사내는 잔뜩 비웃는 표정에다 기고만장한 자세로 상황을 지휘하고 있었다. 국방이 무너졌을 때 선량한 백성이 죄없이 겪어야하는 참혹한 불행을 9살 소녀는 이렇게 체득했다. 이것이 내가 기억하는 1950년 9월 4일 새벽의 우리 집 안방 풍경이었다. 자유민주주의 국가의 무고한 시민이 공산주의자에게 피납되어 한 인간의 과거, 현재 그리고 미래가 소멸되는 순간이었다. 이렇게 인간의 존엄성과 천부의 인권, 그리고 자유가 송두리째 말살 당했다. 그 아내와 사랑하는 가족의 몫까지도.

가택수색이라는 말도 태어나서 그날 처음 들었고 문틀 위의 좁은 틈새의 먼지까지도 끌어내며 샅샅이 뒤지는 모양도 처음 보았다. 지금 생각해보니 금광집이라 금을 감추어 둔 것으로 추정하고 그것을 찾고자 그토록 세밀히 뒤졌고 예상대로 금이 나오지 않자 더욱 더 혈안이 되어 광분했던 것 같다. 금은 채굴 즉시 금괴를 만들어 한국은행에 납품하는데 집에 금이 있을리 만무했다. 그런 틈새에서 손에 들고 흔드는 작은 태극기들이 나오면 미친개처럼 그것을 찢고 뭉개며 고래고래 소리 지르던 모습은 광분 바로 그것이었다. 부모님이 아침마다 독경하던 팔양경과 염주를 바쳐놓은 불경 상을 벽장에서 끌어낸 그 사내는 성난 짐승처럼 울부짖으며 그 상을 내던지고 불경을 찢고 염주를 잡아 뜯고 바닥에 내던지더니 방바닥에 흩어진 불경과 염주 그리고 뒹구는 상을 뛰면서 짓밟았다. 그야말로 지랄발광을 하고 있었다. 그 팔양경은 하룻밤에 필사를 하면 그 복이 하늘에 닿는다 해서 아버지가 밤을 꼬박 새워가며 필사해서 아침마다 두 분이 함께 소리 맞춰 독경하며 애지중지하던 것이었다. 그 소리에 아침잠에서 깨어나던 그 독경소리는 이미 6·25 전쟁 다음날로 끝이 난 상태였다. 그 사내가 짓밟은 것은 불경만이 아니라 우리 집안의 평화이고 그동안의 행복이었다. 그렇게 우리 가족은 유린당하고 풍비박산이 났다.

왜 이렇게 큰 집에 피아노도 없고 쓸 만 한 것 하나 없느냐며 만약 나중에 숨긴 것이 발각되면 각오하라며 수색을 끝냈다. 아버지를 끌고 가려는 그 사내에게 어머니는 앞을 막아서며 애원했다. 아침 한 술만 뜨고 가게 해달라고…. 거만하게 쳐다보던 그는 마지못해 고개를 끄덕였다. 어머니는 멀건 근대 죽 사발을 들고 왔다. 말이 죽이지 미음이나 숭늉수준의 멀건 국물에 근대 이파리 한 둘이 헤엄치고 있는 것이라 함이 맞는 그런 죽이다. 어머니는 그것을 들고 그 사내를 올려다보았다. 아버지의 수갑을 풀어달라는 무언의 요구였다.

그 사내는 모른척 내려다보고만 있었다. 어머니는 다시 먹고 가게 해달라고 애원했다. 그러자 사내는 어머니를 흘기듯 꼬나보며 "믹이오" 라고 한 마디 내뱉었다 크게 선심을 쓰는 듯 한 표정을 지으면서. 어머니는 풀어주어야 먹이지 않겠느냐는 눈빛으로 그 사내를 애절하게 올려다보며 눈에 이슬이 맺혔다. 미동도 않고 먼 산만 바라보는 그 사내 앞에서 어머니는 체념한 듯 아버지의 수갑 찬 두 손을 한껏 벌이며 그 죽사발을 억지로 끼워 넣느라 안간힘을 썼다. 아버지도 처음에는 사양하다가 어머니의 애절한 정성을 외면할 수 없다는 생각이 들었는지 용을 쓰며 그 사발을 쥐어보려 힘을 썼다. 묶인 팔이 위로 움직여 줄리 없으니 아버지는 할 수 없이 힘을 다해 몸을 굽혀 죽사발에 입술을 대려고 애를 썼다. 그야말로 혼신의 힘을 다하는 것이었다. 아버지는 죽 한 모금을 먹고 싶어서가 아니라 어머니의 애절한 소원을 들어주고 싶어서 혼신의 힘을 다하고 있었던 것이다.

아마 내가 죽어서도 잊지 못할 한 장의 사진이 있다면 바로 이 광경일 것이다. 아버지는 끝내 어머니의 소원을 풀어주지 못한 채 안방 문을 나서야 했다. 아버지의 옷깃 한 번 스쳐보지 못하고 아버지의 뒤를 따라 갈 수 있는 것만이 그 순간 어머니의 유일한 호사였다. 현관문을 나서는 아버지의 뒤에 어머니는 제니스 라디오를 머리에 이고 금방 꼬꾸라질 것 같은 모습으로 휘청거리며 걷고 있었다. 모시고의 적삼 차림의 아버지가 포승줄에 묶여 사랑하는 딸에게 한마디 말도 못한 채 그냥 장승처럼 걸어가고 있는 뒷모습이 내 망막에 지금도 찍혀 지워질 줄 모른다. 그것이 9살짜리 소녀가 서울 한복판 중구 저동 2가 14번지 자신의 저택 현관에서 허망하게 배웅한 아버지의 마지막 모습이다.

라디오 배달(?)을 끝내고 돌려보내진 어머니로 해서 고아를 면했으니 그것도 그들의 수령 은덕이라 해야 할는지 모를 일이다. 어머니는 돌아가는 날까지 근대를 입에 대지 않았을 뿐만 아니라 가끔 근대를 먹는 나를 무신경하다는 듯이 이해할 수 없다고 했다. 너는 근대가 목에 넘어가느냐는 힐책이 그 심사의 표현이었다. 근대는 먹는데, 내무서원의 군복 때문에 아직도 카키색을 좋아하지 못해서 내게는 카키색이라곤 스카프 한 장도 없다.

전쟁 중의 민간인 납치는 전쟁범죄임에도 불구하고 아직껏 북한을 단죄하기는커녕 휴전협상 테이블에도 변변히 올려보지 못한 것으로 알고 있다. 제네바협정 위반인 이런 만행을 저지른 북한은 아직도 그 사실 자체를 모른다. 그런 일 없다는 상투적인 발뺌으로만 일관하고 있다. 하지만 6·25전쟁 납북자 가족협의회가 수십 년에 걸친 끈질긴 노력으로 지속적인 활동을 계속하여 모든 것을 UN에 알리고 진상을 규명하였다. 대한민국 정부가 정식 신고를 접수하고 있으나 그 수효가 매우 적은 것은 직계가족들이 노쇠하거나 이미 타계한 사람이 많기 때문이다.

[별지 제5호 서식] 제657호

납북자 결정 통지서

신고인	성명(한자)	오경자(吳敬子)	주민등록번호 420213-	
	전화번호		휴대전화	
	주소			
	납북자와의 관계	납북자의 딸		
납북자	성명(한자)	오해건(吳海建)	생년월일 1898.2.5	
	등록기준지		성별	남

심사·결정 사유

「6·25전쟁 납북피해 진상규명 및 납북피해자 명예회복에 관한 법률」 제4조와 같은 법 시행령 제13조에 따라 납북자로 결정되었음을 통지합니다.

2012년 6월 20일

6·25전쟁납북피해진상규명및납북피해자명예회복위원회위원장 직인

※ 심사결과 납북자로 결정된 경우에도 이에 반하는 증거나 증언이 제기되는 경우 위원회 직권으로 재심에 회부될 수 있음을 알려드립니다. (문의전화 ☎ 1661-6250)

210㎜×297㎜[일반용지 60g/㎡(재활용품)]

※개인정보 부분은 삭제하였음.

한 점 흔적이라도

아버지를 잡아 내무서로 간 그들은 어머니의 머리에서 제니스 라디오를 내린 후 아버지만 끌고 안으로 들어갔다. 따라 들어가려는 어머니를 총대로 가로막은 그들은 어머니를 어서 가라고 쫓았다. 어머니는 지금의 중부경찰서인 내무서 현관으로 들어가는 아버지의 뒷모습을 쳐다보고 서 있을 수밖에 없었다. 어머니의 망막에는 그 모습이 마지막 사진이 되었다. 중부경찰서와 우리 집 정원이 담장으로 이어졌으니 바로 앞집에 남편을 두고 돌아올 수밖에 없이 된 셈이다. 앞 뒤 집이지만 길이 ㄷ자로 돌아야 되니 꽤 되는 거리인데 포승에 묶인 남편 뒤를 무거운 라디오를 머리에 이고 따라 걷는 심정이 얼마나 참담했을까를 생각하면 지금도 어머니가 가여워 가슴이 아리다. 어머니는 세상에 태어나서 그날 처음 머리에 물건을 이어 보았다고 했다.

발이 허공에 뜬 것 같아 어떻게 집에까지 왔는지 모르게 집에 돌아와보니 내가 동갑내기 심부름하던 애와 싸우고 있더라니 얼마나 기가 막혔겠는가? 왜 싸웠는지는 모르겠으나 싸운 기억은 난다. 아버지가 잡혀가는 것을 눈앞에서 지켜본 그 마당에 무슨 죽고 살 일이 있다고 일하는 아이와 싸우다니 얼마나 한심한 일인가? 아무리 생각해도 이해할 수 없는 일인데 그 이유가 도무지 생각나지 않는 것이 더 코미디 아닌가 말이다. 이렇게 어이없을 정도의 철부지 계집애 하나를 데리고 어머니는 천지간에 달랑 혼자 남은 것이다. 그것도 적지에. 약도 직접 챙겨 먹여주고 외출도 사람을 딸려야 내보낼 정도의 과보호 속에 살던 온실 속 화초분 하나가 이렇게 삭풍에 내동댕이쳐진 날이 1950년 9월 4일이다.

아버지를 잡아간 놈들은 곧바로 우리를 집에서 쫓아냈다. 앞집 바로 다음 집인데 세상에 그렇게도 작은 집이 있다는 게 신기할 정도로 아주 작은 집이었다. 집 전체가 우리 집 안방 하나 보다 좁아 보였다. 가운데 마당이 손바닥보다 작게 마치 손수건을 편 것만 했고 마루와 방이 다닥다닥 붙어있었다. 잘 기억나지는 않는데 아마 그나마도 우리 혼자만 사는 집도 아니었던 것 같다. 쫓겨 난 우리 집에는 인민위원회 간판이 내걸렸다. 어머니는 먼동이 트기도 전 부터 내무서 앞에 지켜 서서 혹시라도 아버지가 나오기만 기다렸다. 처음에는 조사 받고 나오면 한시라도 빨리 보겠다는 생각이었고 날이 지나면서는 혹시 어디로 옮겨가거나 하면 얼굴이라도 보고 행방이라도 알고 싶어서였다. 어머니의 실낱같은 희망은 끝내 이루어지지 않았다.

놈들은 집을 뺏고 쫓아낸 것으로 그치지 않고 하루가 멀다 하고 찾아와 소개를 가라고 다그쳤다. 일하는 할머니가 마님이 없으니 결정할 수 없다며 버티면 마님이 무슨 마님이냐며 그런 신분사상의 부당함에 대하여 일장 훈계를 하고 그 연설에 취했는지 어쨌는지 하루빨리 날을 잡아 놓으라고 호통을 치고서야 그냥 돌아가곤 했다. 하마터면 북쪽으로 몽땅 끌려갈 뻔했으니 생각만 해도 모골이 송연해지는 일이다.

아버지를 빼앗긴 어머니는 농지기에서 치맛감을 빼 들고 가서 보리라도 바꿔 오는 일을 할 형편이 아니었든지 먹을 것이 훨씬 더 궁색해졌던 모양이다. 어느 날 어머니가 집에 들어서니 내가 마루 구석에서 어머니에게 인사도 않고 무엇인가 새까만 조각을 들고 마치 아귀처럼 뜯어먹고 있더란다. 쟤가 무얼 저렇게 먹느냐고 일하는 할머니에게 물었더니 호밀 껍데기로 찐 개떡인데 세 개째나 저렇게 먹고 있어서 걱정이라고 대답했다. 어머니는 저 애가 오늘 죽겠구나 싶어서 오히려 잘됐다는 생각이 스쳤다고 회상했다. 그렇게 되면 자신도 함께 죽으면 되겠기에 그런 생각을 했다는 것이다. 그렇게 악식을 하고도 죽기는커녕 그 이후로 없어서 못 먹는 아이로 바뀌었다. 9.28 수복이 되어 서울이 탈환된 후에도 계속 잘 먹어서 말랐던 아이가 뚱보로 변하더니 오늘까지도 평생을 살과의 전쟁을 치르며 살고 있다.

어머니는 아버지의 소재라도 알고 싶어 애를 태우고 혹시 풀려나게 할 방도가 없을까 싶어 이리 저리 줄을 찾아보았지만 모두 헛수고였다. 공산주의가 어떤 것인지 몰랐던 어머니의 무지였고 바보 같은 순진함이었다. 훗날 어머니는 그때를 숨이 막힐 것 같은 막막함이었다고 회고했다. 비행기는 더 자주 뜨고 공습경보는 시도 때도 없이 울리고 거리에는 시체들이 발에 걸렸다. 어머니가 종일 집을 비우니 내 어린 역마직성은 유감없이 발휘되어 마음껏 거리를 누비고 다녔다. 시청 앞, 을지로, 명동, 지금의 충무로, 명보극장 지나서 화원시장 근처 까지가 주로 누비고 다니던 곳이었으니 그 당시 어린 아이로서는 꽤 넓은 지역을 헤집고 다닌 셈이다. 시체가 즐비한 시가지를 어린 것이 헤메고 다녔으니 참 어이없는 일이지만 그 당시 서울시내는 그런 지경이었다. 공습경보가 울리면 삽시간에 거리는 빈터가 되었다. 한번은 이럴 때 거리에 있으면 정말 어떤 변을 당하는가 궁금해서 살그머니 거리로 나서 보았다. 그랬더니 아무 일도 일어나지 않았다. 그것이 얼마나 재미있고 고소했던지. 아마도 아이가 서 있으니까 비행기도 그냥 지나쳐 갔던가 보다.

어느 날인가 날짜는 모르겠는데 웬 낯모르는 아저씨 한 분이 찾아왔다. 쫓겨나 있던 작은 집이었다. 오해건 선생 댁이냐고 묻는 그에게 어머니는 겁먹은 얼굴로 겨우 고개만 약간 끄덕였다. 그 분은 반색을 하며 아무개가 왔다고 여쭈어 달라고 했다. 어머니는 그 사람의 정체를 몰라 경계하는 눈치였다. 집에 안 계신다고 하니까 언제 들어오시냐고 하는 그에게 그제사 어머니는 그 어른은 붙들려가서 소식이 없다고 울먹이며 말했다. 그러자 그 분은 깜짝 놀라며 언제냐고 되물었다. 9월 4일이라는 어머니의 대답에 '어, 며칠 전에 나오신 걸로 알았는데──,라며 고개를 갸웃거렸다.

어머니는 그 분을 붙들며 지금 무어라고 했느냐고 다급하게 물었다. 자기와 아버지가 서대문 형무소에서 한 방에 있으면서 풀려나면

서로 집에 소식도 전하고 나중에 만나자고 주소를 나누어 가졌고, 아버지는 자기보다 먼저 이름 불려 나간 후 안 들어오시기에 풀려나신 것으로 알았다는 것과 이틀쯤 후 자신은 풀려나왔으며 몸이 아파 좀 쉬고 늦게 찾아와 미안한 마음을 안고 왔노라, 자기 집에 오자마자 아버지가 다녀가셨나 확인했더니 아무도 오지 않았다기에 편찮으신 줄 알았다는 것이 그 분 대답이었다. 아마 다른 곳으로 옮겨가신 것 같다는 말을 남기고 서둘러 발길을 돌렸다. 공연히 가족에게 근심을 안겨 준 것 같아 그 자리를 얼른 빠져나간 것 같다.

그 시기가 9월 중순에서 하순으로 접어드는 시점이었으니 북이 납치인사들을 북으로 끌고 가기 시작할 무렵하고 일치한다. 서울에서 대량학살을 한 사실은 알려지지 않고 있으니 북으로 끌고 갈 사람들을 전세가 불리해지자 서둘러 끌어내서 밤을 이용해 북으로 끌고 간 것 같다. 그 행군에서 아버지가 살아남을 수 있었을지, 도중에 어느 길섶에서 불귀의 객이 되고 말았는지는 아무도 알 수가 없다. 아무튼 그날 양아무개라고 하던 그 아저씨가 말해 준 그 이야기가 우리 가족에게 전해진 아버지의 마지막 근황이었다. 그 이후로는 바람결에나마 소식 한자 들을 수 없이 어머니는 19년을 기다리다 스산한 가을바람에 흩날리는 낙엽처럼 스러졌다.

다 들 저렇게 살아 있는데

'내일이면 부산이 떨어지고 드디어 통일과업이 이룩되어 전쟁이 끝난다.'고 호언장담하며 기승을 부리던 적들의 기세가 좀 꺾이는 것 같고 거리에 나붙은 시뻘겋게 칠해진 우리나라 지도가 부산 쪽을 하얗게 남겨둔 채 더 이상 색칠을 이어가지 못했다. 우리들은 몰랐지만 맥아더 장군의 인천상륙작전이 성공한 9월 15일 이미 그들은 서울을 내줘야할 전세를 짐작하고 필요한 물자와 사람들을 북으로 옮기고 주민들을 소개 시키려고 혈안이 되어있었던 것이다.

시가지는 폭격이 심해지고 충무로 길에는 흙 가마니 같은 것으로 쌓아올린 이상한 것들이 생겨나고 그 안에 인민군들이 들어가 있었다 그 조그만 굴뚝만한 것이 신기해서 쳐다보다가 저리가라는 호통에 혼비백산해서 도망치곤 했는데 그것이 시가전을 위한 참호였음을 어린 것들이 알 리 없었다. 9월 28일 우리 해병대원들이 지금의 삼일로 길인 우리집 앞으로 태극기를 펄럭이며 을지로 쪽으로 달려가고 건너편 성당 뜰에서는 성당고아원 아이들이 손에 태극기를 들고 만세를 부르며 쏟아져 나왔다. 언제 태극기를 만들어 감춰 두었는지 놀라운 일이었다. 사람들은 여기저기서 만세를 부르며 뛰어나와 거리는 넘쳐났다. 지하실, 다락방 등에 숨어 지내느라 얼굴은 하얗게 시었거나 누렇게 떴지만 눈들은 초롱거렸다. 9·28, 그 역사적인 날, 감격적인 수도 서울 탈환의 날이었다. 9·28수복으로 기록된 그날이 어머니에게는 가슴 찢는 또 다른 통한의 날이었다.

봇물처럼 쏟아져 나와 살아있었다고 서로 감격스럽게 부둥켜안고 춤을 추는 광경은 어머니를 혼절시켰다. 다들 저렇게 살아있는데 아버지만 돌아오지 않는 것이, 아니 자신의 남편은 없어졌는데 다들 저렇게 살아남았다는 사실이 연약한 여인을 더 이상 견딜 수 없게 만든 것이다. 도저히 그 상황을 받아들일 수 없었던 것이 그날 어머니의 심정이었다. 깨어난 어머니는 마치 미친 사람처럼 흥분해서 이성을 잃고 절규했다. 어떻게 저렇게들 살아남을 수 있었더란 말이냐고 절규하며 흐느끼는 어머니는 실성할 것 같았다. 상대적 박탈감이라고 설명하는 것도 어머니에게는 더 한이 될 뿐 정답만은 아닐 수 있다.

훗날 어머니는 그 때가 아버지 잡혀갈 때 보다 오히려 더 견디기 힘들었던 것 같다고 회고 했다. 때마침 찾아온 고종사촌 오빠가 봉변을 당했다. 어디 갔다 이제 오느냐, 외숙이 사지에 끌려가는데 그것도 못 지키고 코빼기도 안 보이다가 이제야 어슬렁거리고 나타났느냐, 너만 살면 다냐, 등등이 어머니가 쏟아낸 한의 넋두리였다. 어머니는 행여나 행여나 아버지가 돌아오기를 기다렸지만 허사였다. 급기야 시체라도 찾아야한다며 헤매고 다녔다. 믿고 싶지 않지만 혹시 서울 시내나 근교에서 학살을 당했다면 시체라도 찾아 눈을 감겨드려야 혼이 구천을 떠돌지 않고 극락왕생할 것 아니냐는 것이 어머니의 슬픈 소망이었으나 그것마저도 허사였다.

아버지는 돌아오지 못했지만 우리 가족은 쫓겨났던 집으로 다시 돌아갔다. 그리고 이튿날은 어머니의 후배인 보배 아주머니네 식구가 짐을 싸들고 들어왔다. 9·28 때 쫓겨 가는 놈들이 밤에 집단 방화를 하고 도망가는 바람에 서울 시가지가 불바다가 되었다. 을지로 3가 수도극장 근처에 있던 그 아주머니 댁이 그때 화를 당한 것이다. 우리 집은 위험하니 안전한 곳에 옮긴다고 어머니가 밤에 몰래몰래 날라다 놓았던 약간의 금붙이와 패물들도 그날 모두 연기로 사라졌다. 남편도 빼앗기고 재물도 날렸으니 전쟁의 마수가 어머니를 철저히 할퀴고 갔다고 할 수 있다.

며칠이 못 되어 또 한 집이 들어왔다. 아버지의 친구 댁인데 그 집도 불타서 없어진 것이다. 친구가 납북되고 여자 홀로 남은 친구 집에 오기 어려웠겠지만 난리 통에 많은 식구들과 갈 곳이 마땅치 않으니 넓은 우리 집을 생각했을 수밖에 없었을 것이다. 어머니는 흔쾌히 두 댁을 모셔 들여 살았다. 집이 워낙 넓다 보니 세 집이 살아도 아무 불편이 없었다. 두 댁 다 자녀들이 많아서 식구들이 북적댔다.

어머니 후배는 어머니 학창시절 당시 유행이었다는 S동생이다. 김화가 고향인데 광복 후 38선 이북이라 졸지에 고향에 오갈 수 없이 되어 어머니를 친언니처럼 서로 가깝게 의지하고 지내던 사이였다. 그러다 보니 그 댁 자녀들과는 마치 형제처럼 가깝고 허물없이 지내던 터라 아무 불편이 없었다. 4남 1녀인 그 형제들은 나보다 두 살 위인 큰 아들에 이어 내 동갑내기, 아래로 두 아들이 있고 막내로 고명딸이 세 살배기 아기였다. 아버지 친구 댁도 여러 남매였는데 정확히 수효는 기억나지 않으나 거기도 내 동갑내기 사내아이가 있었다. 아버지끼리 친하니까 그 아이와도 여러 번 만난 적이 있는 구면이라 아무 불편이 없었다.

철없는 아이들은 어른들이야 어떤 걱정이 있거나 말거나 신나게 노느라 집안은 온통 난리 속이었다. 그런데 저녁때가 되는 것이 싫었다. 놀고 있다가 아버지를 외치며 퇴근하는 아빠를 향해 달려가는 아이들의 뒷모습을 쳐다보는 것은 어린 계집애에게 얼마나 큰 설움이었는지 말로 형언하기 힘들다. 세상에 어떤 물건을 가진 사람이 그렇게 부럽다면 도둑이 되지 않을 사람이 누가 있으랴 싶은 심정이었다. 지금도 그 때 그 녀석들이 부르며 달려가던 아버지이 하는 소리가 함성되어 귀를 때린다. 결혼하고 살면서 이혼하고 싶은 생각이 들 때면 그때 그 소리가 울리며 생각을 바꾸게 했다.

학교가 다시 열리고 등교를 했으나 내가 다니는 교동 초등학교는 유엔군이 주둔하고 있어서 우리는 건너편의 천도교 마당을 교실로 써야 했다. 3학년은 천도교 회당인 붉은 벽돌 건물의 벽을 벽돌 몇칸 씩 나누어 선생님이 벽 앞에 서고 학생들은 땅에 앉아 수업을 받았다. 햇빛이 비친 책을 읽으려면 까만 글씨가 초록으로 보이는 것을 그 때 처음

알았다. 그래도 우리는 즐거웠다. 반가운 친구들을 만나 기쁘고 자유롭게 공부할 수 있어 좋았다. 공포에 질려 장백산 줄기 줄기를 억지로 따라 불러야했던 여름의 악몽을 계속 다시 꾸지 않아도 되니 더 없이 좋았다. 더 이상 죽을 먹지 않고 밥을 먹을 수 있고 고기도 먹을 수 있어 좋았다. 학교에서는 친구들과 즐겁게 지내고 집에 가면 세 집 아이들이 엉겨 노느라 시간 가는 줄 모르고 지냈다. 얼마동안을 그러고 지냈는지 잘 알 수 없으나 1·4후퇴 당시에는 그 댁들과 한 집에 있지 않았던 것만 기억난다. 어머니 후배 댁은 병원을 하는 댁이었으니 급히 거처를 마련하여 옮겨갔던 것 같고 아버지 친구 댁은 아예 고향으로 피난길을 떴는지 어쨌는지 그 상황은 기억나지 않는다.

9·28 수복 후 교실로 사용했던 천도교당 앞

어머니는 아버지의 시체를 찾으러 납북자 부인들과 함께 매일 헤매고 다녔다. 그제는 의정부, 어제는 동두천, 오늘은 문산, 이런 식이었다. 어릴 때 들은 그 지명들은 공포와 설움으로 가슴에 각인되어 자란 후에도 되도록 가기 싫은 곳이 되었다.

셋이 살러 왔다가 둘이 떠날 수 없어

폐허의 서울 거리에도 가을은 어김없이 찾아왔다. 명동 성당 뒷마당에 먹꽈리는 없어졌지만 마음대로 드나들 수 있게 되고 충무로 길과 을지로 등지의 무너지고 타버린 건물 잔해 더미가 어린것들의 놀이터가 되었다. 특히 충무로 길에 타일 벽의 건물들이 많아서 아이들이 엉겨 붙어 놀았다. 서로 타일이 많이 붙어 있고 큰 것을 차지하려고 쟁탈전이 벌어지기도 하지만 큰 덩이를 가졌다고 나중에 타일을 많이 갖게 되는 것은 아니다. 타일 벽 잔해들 속에서 타일을 떼 내어 모으는 것이 놀이의 전부였다. 시멘트에 붙어 있는 타일을 조심스럽게 떼 내는 작업은 아이들에게는 녹녹치 않은 기술이 필요했다. 살살 조금씩 시멘트를 쪼아내다시피 해서 떼어내지 않고 좀 심하게 돌로 때리면 타일이 깨져 버려 그동안의 수고가 물거품이 되어 버리고 만다. 크고 작은 타일들을 크기, 색깔, 문양대로 모아서 서로 자신의 부(?)를 과시

하는 모습은 마치 훗날 사내아이들이 딱지를 모아들고 거드름을 피우며 자신의 소유 많음을 뽐내던 것과 흡사했다.

큰 타일은 어린 공주의 거실 바닥이 되기도 하고 중간 크기의 것은 지붕이 되기도 해서 어린 건축가들의 꿈을 부풀게 했고 또는 호사스런 음식접시가 되어 미래 주부의 소꿉상을 빛나게 해 주기도 했다. 시멘트 가루는 후추가루, 벽돌가루는 고춧가루가 되어 소꿉상의 고깃국과 김치의 맛을 더해 주기도 했다. 아주 작은 타일이 밥그릇을 푸짐하게 채워주기도 했다. 일을 도와주던 할머니의 구박을 받아가며 상자마다 차곡차곡 쌓아둔 재산(?)도 몇 달 못가서 피난 짐을 싸는 날 쓰레기가 되고 말았다.

6·25가 망쳐놓기 전 서울은 비록 식민지하에서 만들어진 것이기는 해도 있을 것이 있고 꽤 안정되고 아름다운 도시였던 것으로 기억한다. 지금의 중앙우체국에서 명보극장으로 이어지는 본정이라 불리던 길은 온갖 일본인 상점들이 그대로 있어서 한국인들이 새로 맡아 경영하면서 여러 가지 물건들을 갖추어 팔고 있었다. 지금의 신세계 백화점과 옛 미도파 백화점이 영업을 계속했고 명동은 문화인들의 차지였다. 낭만과 멋이 흐르던 도시 그런대로 짜임새 있게 아름답던 서울은 공산주의자들의 발굽아래 초토화 되고 사람은 파리만도 못한 신세로 전락했다.

누구였는지 기억이 나지는 않는데 주위의 친구가 콩 튀긴 것을 소주잔만 한 그릇에 하나씩 담아 작은 종이 봉지에 넣어 파는 장사를 했다. 여름의 자두 파는 숙이가 부러웠듯이 그 콩 장사가 재미있어보여서 어느 날 그 일을 잠깐만 대신 하도록 허락을 받아 신나게 장사를 하고 있는데 웬 신사가 앞에 우람하게 버티어 서지 않는가? 손님인 줄 알고 어서 오시라며 콩 그릇을 들고 얼마 드려요, 하는 순간 이상해서 올려다보니 오빠가 거기 서 있었다. 깜짝 놀라 얼어붙었다. 이거 보통일이 아니구나, 큰일 났구나 싶어 금세 사색이 된 나를 오빠는 의외로 부드럽게 어깨를 감싸 안으며 손을 잡고 걸었다.

명동 성당 정문 건너편 지금의 대한 YWCA 회관 앞이었다. 오빠는 그때 먹을 것이 없어 나까지 생활전선에 나와 있는 것으로 착각을 해서 손길이 그렇게도 처연했던 것임을 나중에 알았다. 어머니와 나 단둘이 남았을 서울이 염려 돼 달려 올라왔던 오빠는 어머니는 시체 찾으러 날마다 새벽에 나가 오밤중에 돌아오며 나는 놀러 나갔다는 말을 듣고 명동거리에 나왔다가 내 그 꼴을 보고 경악한 것이다. 뻥튀기 기계에다 튀긴 그 부드러운 콩 맛이 지금도 가끔씩 군침을 돌게 한다. 약 반 시간도 못되는 거리 행상의 경험은 웃음을 자아내게 하는 한 토막 그림이지만 오빠의 억장 무너졌을 생각을 하면 지금도 미안하다. 그런 오빠가 있었기에 얼마나 행복한 아이였는지 그때는 아무것도 모르는 철부지였다.

오빠는 무조건 함께 내려가자고 했겠지만 어머니는 막무가내로 싫다 했을 것이고 아버지가 곧 돌아올 것인데 웬 마정스런 말들이냐고 역정을 냈을테니 오빠는 속수무책으로 일단 내려갔다. 며칠 후 외할머니가 트럭 3대를 끌고 올라오셨다. 명륜동에 살고 있던 외숙 댁과 우리 집 식구를 모두 데리고 살림도 다 싣고 내려가려고 아예 차를 구해 끌고 올라온 것이다. 트럭이 요즘처럼 많지 않던 그 시대에 외할머니의 재력이나 되니까 3대씩 끌고 올라오신 것이다.

셋이 살러 올라왔다가 둘이 내려가란 말이냐, 나는 죽어도 여기서 죽지 안 내려간다, 만약 저 놈들이 또 쳐내려오면 내 남편을 기어이 찾아내고야 말 것이다. 내 목숨을 내 놓고서라도 기필코 찾아내고야 만다, 살아 돌아왔는데 내가 집을 비우고 없으면 얼마나 실망이 크겠느냐, 남편을 사지에 두고 나만 살겠다고 내려갈 수 없다는 어머니의 항변에 외할머니는 눈물 콧물만 닦았다. 서울은 오히려 평온하고 지방의 민심이 전세에 대해 더 회의적이었든지 어쨌든지 외할머니는 발 빠르게 행동했고 외숙 댁은 그 뜻을 따라 내려갔고 어머니는 서울에 남았다. 약 한 달이나 어머니를 설득하던 외할머니의 정성어린 권유에도 어머니는 그야말로 살아있는 망부석이었다. 그러면 짐이라도 싣고 가겠다는 외할머니의 제안도 어머니는 단호히 거절했다. 마지막 대안도 묵살당한 것이다. 남편이 돌아올 때까지 먼지 하나 손댈 수 없다는 어머니의 결연한 의지에 왕 호랑이 외할머니도 별수 없이 빈손으로 돌아설 수밖에 없었다. 그 때가 아마도 1950년 11월 무렵이었던 것 같다.

거리에는 애국가와 유엔의 노래가 넘쳐나고 군가가 애창되었다 모든 행사나 조회 때도 애국가와 유엔의 노래를 같이 불렀다. 그러는 동안 우리 국군과 유엔군은 압록강 두만강 앞에까지 진격했고 통일이 손에 잡히는 듯 했다. 어머니의 기염이 헛말이 아닌 상황이 눈앞에 전개되려는 순간이었다. 그런데 웬일인지 하늘은 우리의 통일을 허락하지 않았다. 다급해진 김일성의 요청으로 중공군이 투입되었고 그들의 인해 전술에 국군과 유엔 연합군은 파죽지세로 밀리면서 전세는 곤두박질치고 말았다.

땅을 아예 덮듯이 새까맣게 밀고 내려오는 중공군 인해 전술의 덫에 걸려 전세가 역전되자 맥아더는 만주폭격을 시사하면서 전의를 불태웠으나 처칠의 막후 조정으로 그 계획은 무산되고 다시 전세는 밀고 밀리는 사투를 계속하게 되었다. 적은 우선 수도 서울을 다시 뺏으려고 전력투구했을 것은 뻔한 일이었다. 아군은 작전상 후퇴라는 유명한 말을 남기고 다시 서울을 적의 수중에 넘겨줄 수밖에 없이 되었다. 이렇게 서울을 내주며 서울 시민을 모두 철수 시킨 것이 1951년 1월4 일 그 역사적인 1・4 후퇴다.

당국은 반장을 통해서 시민들에게 서울 철수계획을 알리고 늦어도 12월31일까지는 피난길을 뜨도록 연락했다. 이때 우리 반장은 아버지의 회사 직원 댁에서 맡고 있었다. 우리 집이 일본인 부자가 지었다는 오까베 집인데 일본인들 풍습대로 행랑채가 대문 옆에 있었다. 아들과 한 집에 살아도 밥을 따로 해 먹는 그들 문화 때문에 완전히 독립된 집으로 손색이 없었다. 아버지는 불하받을 때 그 직원에게 큰 사랑을 베풀었다. 그 행랑채를 따로 분할해서 그 직원에게 불하받도록 배려해 주었다. 아버지가 발탁해서 아주 말단에서부터 키워 온 직원인데다 그런 인연까지 있으니 우리 집과의 인간관계야 친부모형제와 다를 것이 없었다. 그 반장 댁에서 피난가라는 연락을 하면서 우리 집 때문에 고민에 빠졌다. 친정어머니와 아들이 번갈아 올라와서 내려가자고 했을 때 완강히 서울에 남겠다는 부인의 뜻이 저리도 강한데 지금 이 말을 전하면 마음만 뒤흔들어 놓는 일 아니겠느냐. 새삼스럽게 상처만 건드릴 수도 있으니 그냥 건너뛰고 알리지 않는 것이 더 좋겠다고 의견들을 모았다.

피난 짐을 싸느라 서울이 온통 난리인 것도 모른 채 아버지 시체 찾는 일로 사방천지를 헤매고 다니던 어머니가 어느 날 이상한 낌새를 눈치 채고 알게 된 사실은 청천벽력과도 같은 서울 철수 계획이었다. 자신만 모르고 모두들 피난 짐을 싸고 있다는 것과 반장을 통해서 당국이 연락했다는 것까지 알게 되었다. 어머니는 순간, 세상에 이렇게 배은망덕할 수가 있단 말인가, 남편 없어졌다고 너희들이 나를 이렇게 홀대하고 사지에 그냥 남겨두고 가려고 너희끼리만 피난 짐을 쌀 수 있단 말이더냐며 분개했다.

반장 댁 아주머니가 아무리 진심을 말해도 소용 없이 어머니의 오해는 풀리지 않았다. 어머니는 너희들이 그렇다면 내가 어떻게라도 살아남아야겠다는 생각이 들어 피난길을 뜨기 위해 방도를 찾아 나섰다. 오기가 생기니까 그제서야 내가 보이며 둘이라도 살아남아야겠다는 생각이 들면서 마음이 급해지더라고 훗날 어머니는 내 머리를 쓰다듬으며 울먹였다. 상처 입은 자존심이 발원지인 어머니의 오기 앞에 셋이 살러 왔다가 둘이 떠날 수 없다는 어머니의 망부사는 무너져 내린 것이다.

작별이라도 제대로 할 걸

어머니는 어린 딸과 도와주는 할머니를 합해 세 식구가 서울을 떠나기 위해 피난 갈 차편을 구하러 나섰다. 김장배추도 아버지가 밭에 나가 사서 실어다 주어야 했던 어머니에게는 엄청나게 어려운 일이었지만 살기 위해 용감해졌다. 지난여름 서울이 함락되자마자 아버지의 부탁으로 쌀을 나누어 날라다 주었던 아버지 친구 분의 아들이 피난 가는 차량 사업을 하고 있어서 어머니는 쉽게 생각하고 찾아갔다. 돈이 없어 전주 친정에 도착하면 그 자리에서 후불하겠으니 편의를 좀 보아달라는 어머니의 부탁을 들은 그 친구 분은 저만치에 서 있는 아들을 가리키며 저 애가 맡아 하는 일이니 그 애한테 가서 말해 보라며 고개를 돌렸다. 기가 막힌 어머니가 그 부인을 찾았더니 그 사람 지금 집에 없다는 말을 남기고 자리에서 일어서 들어가 버리더라는 것이 아닌가? 피가 거꾸로 솟는 분함을 참고 그 아들에게 가서 똑같은 부탁을 하며 내가 아무개의 부인이라고 말했더니 지금 차가 예약이 다 차서 어차피 이용하실 수가 없다며 다음 사람과 이야기를 시작했다.

그 친구 분은 매일 아침 아버지와 같이 남산 길을 산책하고 우리 집에 들어와서 차를 나누며 담소하고 가던 아버지의 절친한 친구였다. 사업에도 정치에도 동지였던 분이었다. 그분은 6·25전화도 잘 피하고 훗날 고향의 도백을 지냈다. 어머니는 하늘이 노래지는 것을 겨우 진정하고 그 집을 빠져나올 수 있었다. 거의 미친 사람처럼 여기저기를 찾아다닌 끝에 고위공무원인 아버지의 친구분과 연락이 되어 그분의 선처로 정부의 마지막 서울 철수 열차를 얻어 타고 서울을 떠날 수 있게 되었다. 그때가 1951년 1월 3일 이었다.

피난 짐을 싸는데 도와주는 할머니와 사사건건 마찰을 빚게 되었다. 동시집 한 권과 아버지가 어딘가 같이 갔을 때 주워 준 계란 돌 하나만 끝까지 버텨서 보따리에 들어가는 행운을 얻었을 뿐 모두 다 내가 집어넣고 돌아서면 할머니가 꺼내버렸다. 타일 조각 같은 것들이었으니 당연한 일 아니겠는가? 아버지의 필통과 내 책받침 등속의 문구류는 처음부터 할머니도 빼내 버리지 않은 것으로 보면 안목이 없는 할머니가 아니었다. 어머니의 젊은 시절 남원에서부터 어머니를 도왔다는 그분은 남원할머니로 불리며 어머니를 자기 몸처럼 돌보는 충성스런 분이었다. 전쟁이 나자 자기 조카 집을 버리고 어머니가 걱정되어 우리 집으로 달려오신 분이니 더 다른 설명이 필요 없는 것 아니겠는가? 조선시대 역사극에나 나올법한 상황이 아닐 수 없다.

지하실의 토종 꿀 병을 다 쏟아서 한 시루 가득 찰밥을 짓고 김치

등 반찬거리를 좀 담고 쌀을 조금 챙겨 넣은 집채만 한 이불 보따리 크기의 피난 짐에는 어머니의 싱거 미싱(손 재봉틀 머리) 한 대가 들어있었다. 아마도 그 보따리에는 우선 입을 옷가지들과 어머니의 농지기 중 귀한 비단 몇 끝이 들어있었을 것이다. 벽에 걸린 청전의 그림이나 여타 귀한 것들은 챙겨 들고 갈 엄두도 나지 않는 상황이었다. 아버지가 옛것을 아끼고 좋아해서 우리 집에는 골동품들과 귀한 서화들이 많이 있었다. 지하실의 꿀병은 어찌된 일인지 적들이 우리 집을 점령하고 사는 동안 손도 대지 않고 그대로 두고 가서 남아있던 것들이었다.

이렇게 짐을 싸는 동안 집안 구석구석을 애틋하게 살펴봤던 기억은 없다. 잠깐 피난 갔다 올 것이니까 별 생각이 없었던 것 같다. 그 후에 다시 가 볼 수 없는 마지막 길이 될 줄 알았더라면 작별이라도 제대로 하고 한 번 더 의미심장하게 만져보고 앉아 볼 걸, 그 때는 그것이 마지막일 줄은 꿈에도 상상하지 못한 일이다. 왜 동냥을 하느냐고 물었다가 거지와 한나절도 지나, 해가 질 때까지 시시비비를 따지며 실랑이를 벌이는 바람에 저녁상까지 걸게 차려 먹여 보내야 했다던 부엌 뒤뜰에도 다시 한 번 앉아보고, 어머니 옥비녀를 닮은 하얀 옥잠화가 다소곳이 피어 한없이 아름답던 정원을 한 번 더 거닐어 볼 걸, 군고구마를 맛있게 구워 먹던 안방 앞에 붙은 다다미방의 고다스에 다시 한 번 발을 묻어 볼 걸, 가지 어린 것 따먹지 말라는 잔소리에 화가 나서 동네 아이들을 다 불러들여 가지를 몽땅 다 따서 짓씹어 뱉게 해 망가뜨렸던 그 넓은 채마밭을 한 번 더 둘러볼 걸, 아버지 서재의 윤기 나고 위용을 자랑하던 탁자를 한 번 더 만져 볼 걸, 이루 다 나열

할 수 없을 만큼 많은 소중한 모든 것들을 한 번 더 유심히 바라보고 만져볼걸, 다시는 볼 수 없게 될 그것들을.

눈이 하얗게 쌓인 거리는 꽁꽁 얼어 미끄러워 한 발짝도 움직이지 못하는 나는 피난 짐을 실은 달구지 위에 올려 놓여져 우리 집 언덕길을 미끄러져 내려왔다. 무서워 죽는다고 아우성을 쳤지만 남원 할머니의 가만있으라는 호통에 기가 질려 입을 벌린 채 울상을 하고 덜그럭거리며 정든 집을 뒤로 하고 떠나고 있었다. 길을 건너 용산역에서 출발하는 차를 타야 하는데 우리를 안내할 분이 용산우체국 앞에서 기다린다고 해서 그곳에 갔다.

그분이 없으니까 어머니는 그를 찾으러 길을 건너 용산역으로 갔고. 한발 늦게 그분이 와서 어머니가 찾으러 갔다 하니까 빨리 가자며 우리를 데리고 용산역으로 갔다. 그 동안에 어머니는 용산역에 가서 그를 못 찾으니까 길이 어긋난 줄 알고 급히 용산우체국 앞으로 우리을 찾아왔더니 우리와 짐을 실은 달구지가 몽땅 없어져서 아무리 둘러봐도 눈에 보이지 않았다. 나쁜 사람이 그 사이에 짐을 욕심내서 어디로 끌고 간 줄 알고 주저앉았다.

어린것과 늙은이는 어디다 버려 버리거나 죽여 버리고 짐을 빼어갔구나 하는 생각만 들고 나도 죽였을 것 같은 생각만 들더라는 것이다. 이제 딸 하나마저 잃었으니 혼자 더 살아야 할 이유가 없다 싶어서 한강에 가 빠져 죽으리라 하고 발을 옮기는데 천지를 진동하듯 고함을 치며 남원 할머니가 달려들더라는 것이 아닌가? 시간 다 돼 가는데 어디를 돌아다니다 이렇게 넋 놓고 서 있느냐며 팔을 잡아끄는데 반가

저동 2가 옛집 터에 들어선 영락교회 선교관 (사진은 영락교회 역사자료실 제공)

움인지 설움인지 분간 못할 눈물이 비 오듯 쏟아져 엉엉 우는 어머니를 무얼 잘 했다고 우느냐며 등을 밀어 끌고 왔다는 남원 할머니는 억척스레 짐을 싣고는 어머니를 무릎에 눕히고 포대기를 덮어 주며 아기 재우듯 토닥였다.

우리를 실은 기차는 도무지 떠날 생각을 않고 꿈쩍도 하지 않은 채 용산역을 지켰다. 대포 소리인지 무언지 모르지만 지축을 울리듯 하는 쿵쿵 소리가 바로 덜미를 칠 듯이 들려오는 밤을 그렇게 차안에서 지새웠다. 이러다가 또 여름처럼 소련제 탱크가 들이닥치면 어쩌나 하는 공포가 엄습해와 잠이 들지 못했다.

한 발 앞으로 가면 두 발 뒤로

차가 용산역을 떠나긴 했는데 어찌된 영문인지 한 발쯤 앞으로 가는가 싶으면 이내 또 뒤로, 서울 쪽으로 뒷걸음 쳐버리는 것이 아닌가? 대포 소리는 계속 쿵쿵거리는데 차는 서울 쪽으로 자꾸 되돌아가거나 아니면 멈춰 서있으니 불안하기 그지없었다. 차 안은 전등불이 대낮같이 밝고 난로가 훨훨 타고 있어 따뜻하고 아늑했다. 여러 가족이 타서 자리는 비좁았지만 가지런히 누워 가는데 전혀 불편이 없었으니 피난길 치고는 최고 호사라 할 수 있었다.

그 차는 정부의 마지막 연락을 맡은 기차였고 그 역할을 맡은 정부 부처의 것이었으니 아마 체신부의 최후 통신열차였던 것 같다. 그래서 조금이라도 전황이 좋아지면 서울 쪽으로 갔던 것이다. 그 차에 탔던 사람들은 체신부 가족들이었고 아버지의 친구분이 우리를 그 차에 태워주었던 것이다. 대포 소리도 여러 날 지나니까 공포감도 줄어들고 기차 안이 따뜻하니 그런대로 견딜 수 있는데 문제는 준비해 온 음식들이 자꾸 줄어드는 것이었다. 우리가 쪄 간 찰밥도 잘 나누어 먹고 다른 집에서 가져온 것들도 사이좋게 나누어 먹었다. 광에서 인심 난다고 다들 여유 있게 가져왔으니 인심도 훈훈했다.

차가 워낙 여러 날 서 있어서 이상하다 했는데 우리를 안내하던 분이 오더니 미 군용열차가 화통(기차 맨 앞의 기관차)이 고장나서 우리 화통을 떼어 달고 갔다는 것이다. 전황이 안 좋고 아직 그 화통이 고쳐지지 않은데다 언제 바꿀 수 있을지도 모르는 일이어서 기본 인력만 남고 자기들은 준비해 온 자전거를 타고 일단 남하하기로 했으니 여기 가족들도 모두 걸어서 피난을 갈 수밖에 없이 되었다고 전했다. 작은 쪽지 한 장을 어머니에게 건네며 자기 누나 집인데 천안이니 전주보다 가까우니까 우선 그리로 가서 몸을 좀 쉬었다가 전주로 내려가라고 했다.

모두들 우선 갈아입을 옷과 먹을 것 조금을 챙겨들고 길을 뜨려고 다시 피난 짐을 꾸리느라 부산을 떨었다. 모두들 심란해서 자리를 뜨지 못하고 혹시 화통이 올지도 모른다는 한 가닥 희망을 걸고 대책 없이 웅크리고 있었던 것 같다. 하늘이 도왔던지 미군이 화통을 가지고 와서 달아주었다. 급한 작전 때문에 급히 빌려갔던 화통을 재빨리 와서 달아 준 것이다. 화통이 기관차를 말함이었고 그곳은 안양이라고 했다. 용산역을 떠난 지 1주일도 더 된 것 같은 것은 느낌일 뿐 정확한 기억은 없다. 하지만 여러 날을 그렇게 지냈다.

기차는 다시 달리고 또 멈추고 하면서 피난길은 계속되었다. 그러는 중에 차안에 쌀들은 아직 남아 있는데 반찬거리들은 동이 났다. 누구의 제의였는지 동네로 반찬을 얻으러 나가기로 했다. 맨밥을 먹을 수는 없으니 어쩔 수 없는 노릇이었다. 그 차 안에는 고급 공무원 가족들이 대부분이어서 귀부인(?)들이 동냥을 나가게 된 꼴이었다. 그 곳은 평택이라고 했다. 가지고 온 그릇들을 챙겨 들고 동네로 갔는데 집집마다 비어 있어서 온 동네를 다 돌아도 사람을 만날 수가 없었으니 모두들 빈손일 수밖에 없었다. 그러자 어느 부인이 할 수 없으니 미안하지만 빈집 마당에 묻어놓은 김칫독에서 김치를 담아들고 나오자고 했다. 그 말에 처음에는 머뭇머뭇하던 사람들이 이내 약속이나 한 듯이 여러 집으로 흩어져 들어가서 김치들을 담아들고 나왔다. 가지고 간 그릇이 차면 그 집의 바가지에다까지 담아 나오는 사람도 있었다. 부산 까지 가는 동안 또 얼마나 오래 걸릴지 모르는 일이니 그럴 수밖에 없었다.

어머니를 따라 들어간 나는 김칫독을 열고 멈칫거리는 어머니를 이상하게 쳐다봤다. 김장을 해서 묻어놓고 헐어보지도 못하고 떠난 주인 생각에 차마 손을 대기가 힘들었다고 어머니는 회고했다. 김칫독을 열자 그 안이 어찌나 얌전하게 꼭꼭 눌려져 있는지 아무것도 모르는 어린 나마저 얼른 손이 들어가지 않았다. 어머니는 위를 옆으로 제치고 김치를 퍼 담기 시작했다. 나도 퍼서 담는데 나중에는 내 손이 더 빠르게 움직이며 김치를 퍼 담았다. 처음에는 어쩔 수 없이 퍼 담던 어머니는 자꾸 처연한 마음이 들어서 손이 느려졌을 것이고 세상 물정 모르는 철부지는 우선 먹어야 한다는 생각뿐이어서 손놀림이 점점 빨라졌던 것 같다. 겨우 열 살이니 무슨 깊은 생각이 있었겠는가? 그러나 지금도 그 댁이 어디인지 안다면 그 빚을 갚고 싶다. 미안함과 감사의 인사를 곁들여서----- 난로에 지은 따끈한 밥에 싱싱한 김치를 얹어 먹으며 그 맛에 취해 잠시 전의 멋쩍은 기억을 지워낼 수 있었을지도 모른다.

드디어 기차가 대전에 닿았다. 일행은 그대로 남행을 계속해야 했고 우리는 거기서 내려야 했다. 서울을 떠난 지 15일 만이었다. 15시간도 아닌 15일이 걸린 것이다. 전주로 갈 트럭을 구해 놓고 숙소를 찾아 들었는데 방 하나에 사람들이 가득 차 있어서 북적대는 것이 그동안 타고 온 기차 안의 풍경과는 사뭇 대조적이었다. 하룻밤만 자면 전주 외가에 갈 수 있다는 안도감에 비좁아도 그런대로 몸을 눕혔다. 얼마나 지났을까? 눈을 뜨니 사람들의 얼굴이 동그랗게 원을 그리며 나를 내려다보고 있었다. 내가 열에 떠서 혼수상태에 가까운 지경으로 앓아누웠던 것이다. 아마도 오랜 여독에 긴장이 풀렸던 것 같다. 워낙 약한 어린 것이 오랜 여행을 견뎌내기 힘들었을 수 도 있었을 것이다.

아무튼 어머니 애간강도 무던히 태우는 아이였다. 피난 길 와중에서까지 사경을 넘나들며 어머니 속을 태웠으니 불효로는 둘째가라면 서러울 아이가 아니고 무엇이랴. 어머니는 인명이 재천이라는 말이 맞는다는 것을 그 날 믿게 되었다고 했다. 겨우 방을 구해 들어가 눈을 붙이려는데 아이가 갑자기 불덩어리같이 열이 달아오르는데 약도 없고 의사는 더더욱 찾을 수도 없으니 어쩔 수 없이 그냥 애만 태우고 있을 수밖에 없더라는 것이다. 앞이 캄캄해지면서 이제 저걸 정말 놓치나보다 하는 생각밖에 들지 않고 그야말로 속수무책이 어떤 것인지 알 수 있었다고 한다. 머리에 물수건을 갈아 얹어 주고 관세음보살을 찾는 일 외에 아무것도 할 수 있는 것이 없었다고 어머니는 그날의 절박했던 심정을 회상할 때면 목소리가 항상 젖어왔다.

아침 먹고 떠나서 점심은 전주에서 먹었으니 지난 15일 동안을 생각하면 꿈같은 일이었다. 지금도 서대전에 가면 어디가 그때 내 몸을 눕게 해 주었던 집이 있던 곳일까 궁금해서 두리번거리곤 한다.

외가에서 반경 500미터 안에만

전주는 우리 모녀를 따뜻이 맞이해 주었고 외갓집에서 편안히 지냈다. 말이 피난이지 호강은 다 누리는 생활이었다. 해방 후 토지개혁으로 지가증권이라는 것만 받아들고 지주들이 망해서 대지주였던 와갓집도 예외는 아니었으나 큰 외숙이 목욕탕, 창고업 등의 사업을 했기에 빌딩도 갖고 있는 부자였다. 그 시절 전주에서의 빌딩이래야 2층 건물로 요즘의 안목으로 보면 빌딩이라는 말이 어울리지 않는 망발처럼 들리겠지만 그 당시로는 오늘날 빌딩에 해당되는 건물이고 재산 가치였다. 큰 외숙의 목욕탕과 둘째 외숙의 유지공업협회 사무실과 비누공장 등이 자리 잡고 있었고 상점과 사무실들이 세 들어 있었다. 골목 안쪽에 있는 살림집은 예전부터 살던 집으로 아버지가 어머니를 보려고 올라가서 기다렸다는 살구나무가 여전히 지키고 서 있었다.

할머니는 그때도 실세였으나 우리 관습대로 안방을 장손에게 비워주고 끝 방으로 내려앉아 계셨다. 방 앞에 누마루가 달린 그 방에서 우리 모녀는 할머니와 함께 지냈다. 뜰아래 방을 우리 몫으로 내어주어 짐과 책상 등을 놓고 생활을 했지만 거의 할머니 방에서 머물고 자는 때가 훨씬 많았다. 그 방에는 아랫목 할머니 머리맡에 물레가 있고 윗목에는 베틀이 놓여있었다. 할머니가 옛 생각을 잊을 수 없어 자꾸 베를 짜니까 종손인 외사촌 오빠가 베 짜는 아가씨를 고용해서 할머니와 함께 살게 하면서 베를 짜도록 시켰다. 할머니가 가끔씩 베틀에 앉아 옛 생각을 하면서 즐길 수 있도록 배려해 드린 것이다. 방이 넓어서 그런 것들을 놓고서도 모두 5사람이 기거하기에 별로 불편하지 않을 정도였다.

6·25 나던 전해 봄에 큰 외숙이 돌아가시고 그해 가을에 외조부가 타계하셔서 외가에는 위 아래로 두 곳의 상청이 마련되어 있었다. 대청에는 할아버지, 마당 건너 아랫방에는 큰 외숙의 상청이 있었다. 매달 초하루 보름마다 삭망제를 올리는데 외할아버지께 먼저 올리고 외숙에게 내려가서 올린 후 제상을 물려 밥을 먹어야 한다. 음식을 준비하느라 아침 일찍부터 분주했던 사람들은 배가 고프고 빨리 밥을 먹고 치우고 싶은 게 바람일 것은 당연한 일이다.

그 시절에는 삭망 때 상주가 먼저 곡을 하고 이어서 모두들 곡을 했다. 대부분 형식적으로 아이고 아이고 몇 번 하고 끝내는 것이 보통인데 어머니는 울음보가 터져서 그칠 줄을 모르고 서럽게 울었다. 그 울음이 그치기를 기다리느라 자연히 시간이 늦어지고 일하는 사람들의 볼 멘 소리가 수군수군 들리기 시작한다. 처음에는 그 좋은 영감님을 생사도 모르게 되었으니 저럴 수밖에 없지 않겠느냐며 눈물들을 찍어내고 코맹맹이 소리로 어머니를 측은해 하고 그 불행을 함께 슬퍼해

주다가 너무 길어지면 서울아씨가 자기 설움에 저러지 돌아가신 분들이 보고 싶어 저러겠느냐는 삐쭉거림으로 변하는 것이다.

나는 그 소리가 듣기 싫어서 어머니를 그만 울라고 달래다가 짜증을 내며 강제로 일으켜 세우려 안간힘을 썼다. 그 모습이 측은해서 외할머니는 이어 울음을 터뜨리고 상청 안은 다시 곡소리가 높아지곤 했다. 방에 업혀 온 어머니는 밥도 먹지 않고 점심때가 지나도록 섧게섧게 울었다. 어쩌면 어머니에게 그 삭망제는 아주 좋은 카타르시스의 장소요 기회였는지도 모른다. 그 외에도 어머니는 시도 때도 없이 통곡하고 반 실신해서 주위 사람들 애먹이기를 한 3년 정도 한 것 같다. 조금씩 줄어들기는 했지만 3년 정도는 저러다가 어머니가 미치면 어쩌나 하는 걱정이 되기도 했다.

그 시절에는 전주가 도시라 하지만 농촌의 모습도 그대로 지닌 것이 많았던 것 같다. 삭망제 한번을 준비하는데 거의 일주일 전부터 준비를 하는 것 같아 보인 것이 어릴 적 기억이다. 온 동네 부인들이 다 와서 돕는 것처럼 보일 정도로 많은 사람들이 와서 일을 도왔고 그들의 가족 모두가 와서 밥을 먹고 가니까 날마다 사람들로 넘쳐났다. 가난하던 시절 생계를 이어가는 한 단면을 본 것 일 수도 있다. 음식을 준비하는 과정은 별로 관심이 없지만 약 이틀 전 쯤부터 본격적으로 요리 수준의 음식 만들기가 시작되면 어린것들의 관심사는 온통 마당가의 음식 만드는 현장으로 모아진다. 공교롭게 토요일이나 일요일이 걸리면 행운이라 아니할 수 없다.

마른 오징어를 큰 다라이에 가득 담아 불린 것으로 수북하게 전을 부쳐놓으면 아이들은 우선 그것으로 입맛을 돋운다. 비교적 그 오징어

전은 아이들에게 인심 좋게 넉넉히 나누어 주는 편이었다. 어차피 많은 사람들을 흡족하게 먹이고자 마련한 전이기 때문이었다. 그때는 오징어나 북어가 오늘날 같은 귀하신 몸이 아니었던 모양이다. 잡채를 좋아하는 내게 막내 외숙모의 손끝에서 접시로 옮겨지는 잡채는 보기만 해도 군침을 돌게 했다. 솜씨 좋은 외숙모의 잡채는 흉내를 내기 힘들 정도였다. 여러 가지 음식을 별로 부족하지 않게 고루고루 다 맛볼수 있는데 유독 금지품목이 있었다. 나중에 알고 보니 대합구이와 대합모듬구이 라고나 할까, 그런 음식이었다. 대합을 그대로 굽기도 하지만 대합 살을 빼서 거기에 여러 가지 재료를 충분히 섞어 버무린 후 가득히 조개 안에 집어넣고 껍질을 맞물려서 은근히 석쇠에 구워내는 고급요리였다.

이것은 손님을 위한 음식이어서 아주 조금 준비할 뿐더러 일반 삭망제 때는 별로 하지 않고 소상, 대상 때 주로 많이 했던 것 같기도 하다. 아무튼 어느 때가 되었든 그것만은 아이들 차지가 될 수 없었다. 외할머니의 총애가 아무리 두텁다 해도 나 역시 그 음식으로 부터는 청함 받지 못한 손님이었다. 손님상이 다 끝난 후에 할머니가 살며시 감추었다가 먹여주는 특별한 별식이었다. 어머니가 너무 울어서 괴로운 삭망 날 보다 그 전에 음식 만드는 날이 어린 마음에는 더 좋았는지도 모르겠으나 그 심사가 정확히 기억나지는 않는다. 다만 외숙모의 손끝에 달려 올라오던 잡채가닥만 눈에 선하다.

어머니는 외가에서 사는 것이 서울 가기 전까지 잠깐이라고 생각하였고 독립해서 새 터전을 마련해야 한다는 것이 오빠의 생각이었다. 오빠는 어머니를 서울에 다시 올려 보내지 않을 계획이었던 것이다.

어머니가 서울에서 학교를 다녀서 친구들이 많은데다가 미모인 젊은 과부가 어린 딸 하나를 데리고 서울에 올라가 산다는 것은 호랑이 굴로 들어가는 것과 다름없이 위험한 일이라는 것이 오빠의 신념 같은 것이었다. 전쟁 중에 약이 없어 병사한 외가댁 장손 며느리 자리를 비워두기 어렵다는 어른들 성화에 외사촌 오빠가 새 장가를 들게 되어 우리는 새 집을 사서 이사했다. 외가에서 아주 가까운 거리에 있는 집이어서 말이 따로 나왔지 잠만 잘 뿐 매일 외가에 가서 살다시피 했다. 전북일보사 옆 골목인 그 집에서 어머니는 가내 공업으로 양말 공장을 하다가 돈만 날리고 문을 닫았다. 못할 것을 뻔히 알면서도 오빠는 어머니가 마음을 좀 안정하고 정신 쏟을 곳이 있어야 한다는 생각에 치료 차원에서 방관했던 것 아닌지 모르겠다. 그때는 오빠가 아버지의 금광을 물려받아 경영할 때였으므로 집안 경제는 큰 어려움이 없었다.

오빠는 사업관계로 전주에 매주 들르는 편이었으므로 어머니와 나를 보살피는 일을 자연스럽게 할 수 있었다. 우리 집에서 일을 돕다가 시집 갔던 언니가 역시 6·25때 남편이 납북되고 혼자 남아 우리 집에 와서 다시 의지하고 살게 되었다. 우리 세 식구는 한 결 같이 서울 하늘만 바라보며 피난살이를 계속하고 있었다. 당시 전북일보사 건물이 전에 아버지가 근무하셨던 조선목재 회사 전북지사 사무실이었다는 것을 어린 나는 후에서야 알았다. 어머니가 매일 그 앞을 지나 집에 들어올 때 심정이 어땠을까를 생각하니 가슴이 아렸다.

오빠는 어머니에게 극진하게 대했다. 새로 유행한 비로드 옷감도 언니 것과 어머니 것을 함께 사서 똑같이 해 입히는가 하면 가을에 장작도 우리집 광을 먼저 채우고서야 오빠 집에 나무를 들였다. 오빠는 대범하고 도리를 지키는 군자였다. 금광을 처분해서도 아버지 선거 때 외가에서 쓰라고 가져 온 돈을 모두 돌려보냈다. 대대손손 고모부 선거때 돈 많이 보내고 덕도 보지 못했다는 소리 듣고 싶지 않다는 것이 사양하는 외사촌 오빠 손에 거금을 쥐어주며 우리 오빠가 한 말이었다. 그리고 남은 돈은 전액을 아버지 분신 이었던 병익 오빠에게 드렸다. 반씩 나누자며 사양하는 그 오빠에게는 아버지만 수발드느라 아무것도 못하셨으니 이 돈으로 생계를 위해 농토를 사시라 하며 자기는 아버지가 일본유학까지 시켜 줬으니 그 지식으로 먹고 살겠다고 했다. 그런 오빠는 평생을 전북대학교에서 후학을 길렀다.

서울 집도 불하 서류가 다 타서 없어졌으니 연고자들은 속히 등록하고 재차 불하 절차를 밟으라는 공고가 났으나 신문도 안보고 세상과 돈절하고 살면서 울기만 하던 어머니에게는 깜깜 절벽이었다 이 사실을 안 오빠는 어머니를 서울에 보내지 않기 위해 그 집의 재불하를 포기하고 있었다 아버지를 무참하게 잃은 그 집이 싫고 서울살이를 더 이상 하고 싶지 않았을 것이다. 마감일이 가까워져도 소식이 없는 어머니가 궁금해서 반장 댁에서는 사람을 외가에 내려 보냈다. 그 소식을 전해들은 어머니는 그 길로 서울에 쫓아올라갔으니 기일이 너무 급박해서 어머니 혼자 힘으로 일을 처리하기에는 때가 너무 늦었다. 어머니에게는 돈이 없었다. 돈을 구하기가 힘들었다.

일제 강점기때 조선총독부 농림식산국장인가의 관사로 쓰이던 것을 광복 후 조선목재회사가 사택으로 쓰게 돼 아버지가 부사장으로 상경할 때 역시 사택으로 배정돼 살다가 정부의 적산불하 때 정식으로 불하 받았던 것이다. 정부의 적산 불하 정책에 따라 모든 수속 절차를 다 밟아 합법적으로 갖고 있던 집을 졸지에 놓치게 되었으니 그야말로 어머니에게는 청천벽력과도 같은 일일 수밖에 없었다. 전쟁의 또 다른 칼날이 가엾은 어머니를 또 한 번 찌른 사건이라 할 수 있다. 남편의 체취가 남아있고 황금기의 추억을 고스란히 담고 있는 집, 전쟁이 끝나면 올라와서 남편을 기다리며 딸을 잘 길러야 하는 집, 그런 집을 어이없이 놓쳤을 때의 심정이 어땠을까? 아마 남편 뺏길 때 보다야 나았겠지만 거의 실성할 정도의 허탈감이 엄습했을 것이다. 현실적으로 서울에 다시 올라와 살기 어렵게 됐다는 것이 더 큰 아픔이고 걱정이어서 태산이 무너지는 기분이었을 것이다.

어머니는 그 일로 화병이 나서 머리에 온통 부스럼이 돋아 고통을 받게 됐는데 두풍의 일종이라는 병명만 들었을 뿐 백약이 무효여서 나는 그때 어머니가 저러다가 돌아가면 어쩌나 하고 어린 마음을 얼마나 졸였는지 모른다. 서울 중구 저동 2가 14번지 그 넓은 저택은 그렇게 어이없이 우리 손에서 떠나갔다. 1953년 7월 27일 휴전이라는 것으로 급박한 전선은 조용해졌으나 분단은 고착되어 오늘까지 아버지의 생사는 물론 그 후의 행적 어느 한 조각 바람결에라도 들어본 적이 없다. 이제 아버지 연세 118세이니 할 수 없이 마음을 비운지 오래다. 1960년 내가 서울로 대학 진학을 해 올라올 때까지 우리는 서너 번 집을 옮겼으나 항상 외가에서 반경 500미터 이내여야 하는 것이 철칙처럼 지켜졌다. 어머니를 걱정한 오빠의 원칙이고 신념 같은 것이었다.

나만을 바라보며 사는 어머니를 위하여

어머니가 세상을 사는 이유는 오직 어린 딸 하나 잘 키워 성공하는 것을 보는 것뿐이었다. 그런 어머니를 위하여 나는 모든 일의 초점을 어머니의 소원성취에 맞춰야 했다. 그것은 우선 건강해야 하니 잘 먹고 튼튼해야 했다. 눈이 나쁘다고 쇠간을 삶거나 전을 부쳐 주는 것을 3년이나 계속 먹어야 했고 몸이 허하면 안 된다는 배려에 따라 민물 뱀장어를 그렇게 먹어야 했다. 그 덕에 약한 시력인데도 안경 안 쓰고 버티게 했고 사흘 밤을 새워도 끄떡없는 체력을 갖게 했다. 고마운 일이다. 그 대가로 70이 넘은 오늘까지도 다이어트라는 숙제를 숙명처럼 끼고 살아야 하는 비만에 시달리게 되었지만 어머니의 사랑을 생각하면 눈물이 솟는 일이다.

초등학교 졸업 때는 학교장 상을 안겨드렸고 여고 졸업 때는 고려대학교 법과대학 합격증을 쥐어드리는 것으로 소임을 조금은 했다고 생각했다. 철없던 그때는 그것으로 되었다고 생각하기도 했다. 그러나 그것은 그야말로 족탈불급이었다. 마라톤의 중반까지는 이런 정도로 어머니를 기쁘게 해 드렸는데 인생의 끝자락에 와서 보면 먼저 가신 어머니를 기쁘게 해 드릴만한 성과가 별로 없이 가벼운 주머니를 들고 서 있는 자신이 한스럽다. 초등학교 3학년 학년말 무렵에 전주로 피난을 가서 여학교 졸업까지 10년을 전주에서 살다가 1960년 3월 대학 진학하면서 서울로 올라왔다. 이때의 단출한 귀경은 저동시절에 비하면 격세지감을 느끼게 하는 초라한 귀환이었다.

아버지가 그렇게도 오빠에게 원했다는 고문파스, 고등고시에 합격해서 아버지의 소원을 대신 풀어드리고 어머니를 기쁘게 해야 하는 것이 내가 공부하는 목표이고 살아가는 이유였다. 건방지게도 그동안 공부해 오면서 별 어려움을 느끼지 못했으니 고시도 하면 붙겠지 뭐 별거겠냐, 하는 정도의 안일한 생각이었다. 그러니 될 리가 없었을 것 같다. 사람에게 타고난 운명이라는 것이 있다는 것을 믿는다 하더라도 내게는 그런 운명이 있을 것이라는 막연한 믿음 같은 것이 있었는지 모르겠으나 끝내 그런 운명은 내 차지가 아니었다. 고시 공부를 한다고 무리를 하다가 절간에서 실려 나오는 등 사경을 넘기면서 심장 전문의로부터 이대로 무리를 계속하면 목숨을 보장하기 힘들다는 협박성 권고를 받고 흔들렸고 이런 상황에서 처녀귀신 만들어 집안 망하게 할 수 없으니 고집 부리면 등록금을 주지 않을 테니 졸업이라도 하려면 고시를 포기 하라는 오빠의 만류에 손을 들고 항복할 수밖에 없었다.

대학 1학년 때 갑자기 얼굴이 짐짝처럼 부어 병원을 찾았으나 원인

아버지를 생각하며 속으로 피눈물을 흘렸을 고려대학교 졸업날

을 찾지 못하고 상태가 위중해져 갈 때 누구의 처방이었는지는 알 수 없으나 담방약을 슬 수밖에 없게 되었다. 어머니는 자신의 똥을 프라이팬에 올려놓고 손수 기름을 냈다. 어머니가 손에 든 작은 약병안의 노란 물약이 어머니의 똥기름인 것을 알리 없는 나는 조심스레 입에 넣어주는 어머니의 떨리는 사랑을 방울방울 받아먹고 회생했다. 그것은 약물이 아니라 어머니의 눈물이었다. 나는 끝내 그 눈물에 보답해 드리지 못하고 아무런 효도도 해보지 못한 채 어머니를 일찍 놓치고 말았다.

원서 한 번 못 내 보고 그동안 삶의 목표를 바꿔야 하는 심정은 암담했다. 생각을 다시 가다듬고 진로를 고민하다가 유학을 가기로 마음먹고 또 무리한 준비를 했다. 그 당시의 오빠의 교수 월급으로는 동생 유학 뒷바라지는 천부당만부당한 일이었다. 고학이라도 하겠다는 계획에 제동을 건 것은 당시 미국대사관 영사과에 근무하며 바로 미국 비자발급 업무를 일선에서 다루고 있던 집안 오빠였다. 여자의 몸으로 미국에 혼자 가서 고학 한다는 일이 얼마나 어려운지를 자기는 너무 잘 알뿐더러 그런 상황에서 잘못 되는 여대생들을 여럿 보았기에 말리고 싶다며 여권 하나 말고 둘을 가져오면 비자 받도록 도와주겠다는 것이었다. 혼인 자체를 하지 않겠다며 독신주의를 표방하고 있던 당시의 내게 유학을 가기 위해 남자를 사귀어서 함께 여권을 갖고 오라는 것은 못 가게 하겠다는 말과 다름없는 처사였다.

어머니만 온실 속 화초가 아니라 나 또한 어머니와 다를 바 없었다. 비록 아버지를 빼앗기고 지냈으나 두 띠 동갑인 오빠 덕에 그동안 어려움을 겪지 않고 살아온 터라 그랬던 것 같다. 지금 와서 생각하면 모두가 자신의 능력과 실력 부족인 것인데 그때는 이런 이유들 때문에 뜻을 접었다고 생각했던 것이다. 어쩌면 무의식 속에서의 면피용 도구로 삼았던 것 아닌가 하는 생각도 하게 된다.

세월만 허비하고 졸업하고 1년 반이나 지난 후에 겨우 취직시험에 합격해서 통신사 기자가 되어 어머니에게 조금은 보답을 했다. 작지만 아파트도 하나 사서 이사도 하고 어머니와 단란하게 산 것이, 아니 내가 어머니를 부양한 기간이 겨우 3년이었다. 그렇게 원하던 사위도 맞아 보지 못한 채 어머니는 영 돌아올 수 없는 길을 뜨고 말았다. 아버지의 밥 멍덕을 이불 속에 묻어두고 산 세월이 19년이고 어머니 나이 쉰여섯 이었다. 오로지 희망이었던 딸이 이제 뭐 더 크게 성공할 것 같지도 않고 하늘같은 남편을 다시 볼 수 있는 가망도 점점 희미해지는 것 같고 사위는 못 보았으나 이제 제 앞가림은 할 정도로 키웠으니

신문회관에서 언론사 합동 신입기자연수를 마치고

자신의 소임은 그런대로 했다는 안도감과 허망함이 삶의 긴장감을 놓게 했는지도 모른다.

허약하긴 하지만 그런대로 잔병은 없이 지내다가 갑자기 딸의 곁을 떠나갔다. 열여섯 살 차이의 남편에게 원 없이 사랑받고 호강을 하며 살다간 혼인 생활 13년이 어머니의 황금기였다. 그 13년을 비탄의 19년을 지우는 지우개로 바꾸려고 안간힘을 쓰며 장례절차를 바쳤다. 1968년 10월 1일이니 46년 전 일이다. 내세에도 아버지와 혼인하겠다던 어머니였으니 아마 아버지를 다시 만나 행복한 시간을 보내고 있을지도 모를 일이다. 이제 그 딸도 일흔이 넘은데다 3년 전 남편을 떠나보내고 외로움과 싸우고 있으니 어머니 아버지를 따라 나설 날도 그리 멀지는 않았을지 모르나 그것은 하늘의 소관이니 이러쿵저러쿵 하는 것 또한 불손한 일이다. 내 손으로 부모님의 자서전을 대신 쓰고 있으니 이런 기회와 능력을 허락하신 하나님께 감사드릴 뿐이다.

나라 잃은 백성으로 태어나 살면서 그 상황에서나마 조금이라도 민족을 위해 할 수 있는 일을 찾아 지혜롭게 실리적으로 성과 있는 일을 해 낸 아버지의 업적을 꼭 써서 남기고 싶은 것은 내 아버지에 대한 자랑이나 집안에 대한 과시와 같은 명예에 대한 허영심 때문이 아니다. 역사란 정확하게 남아야 하고 되도록 그것을 자세히 놓치지 않고 발굴해서 기록 보존해야 함은 그 시대를 살아온 사람들의 의무라는 생각에서다.

그런 평소의 소신에 입각해서 충실히 그 기록자가 되고 싶었던 것이 이 글을 쓰게 된 이유이고 부모님에 대한 존경과 옳게 산 분 들이라는 확신이 글을 계속 쓰게 한 원동력이 되어 주었다.

에필로그

이만큼에서 덮으렵니다

어떤 말을 써야 할지 엄두가 나지 않던 큰일을 겁 없이 해 내다 보니 해를 넘겼다. 자칫 또 한 해를 넘길 정도로 세월이 흘렀다. 여기를 건드리면 저기가 무너지고 저기를 만지다 보면 또 다른 곳이 허물어지곤 했다. 그럴 수밖에 없을 만큼 큰 진동을 겪은 두 분의 일생을 조명했으니 아쉽지만 이만큼에서 손을 놓으려 한다. 헤집으면 헤집을수록 시리고 아픈 상흔을 이제 그만 봉합해야겠다.

가슴 가득한 포부와 화려한 꿈을 일순간의 광풍 앞에 접을 수밖에 없이 된 한 시민의 무참한 몰락, 그리고 그 아내의 핏빛 그리움과 상처를 통해 민족의 아픔을 보았다.

이 책을 통해 내가 하고 싶었던 말은 내 아버지 어머니의 일이 어찌 그분들만의 것이겠는가? 하틀 것이다. 바로 민족의 아픔이요 운명인 것을 우리 모두 직시해서 한 식민지 관료의 피나는 민족자존 지키기 노력을 역사로 남기고 싶었다.

한 인간의 납북이라는 현실, 그로 인해 무너진 가정과 가족의 행복이 산산조각 나는 바극을 통해 다시는 이 땅에 이런 역사가 되풀이되어서는 안 된다는 한 맺힌 절규를 청사에 남김과 동시에 시대적 교훈으로 전하고 싶었다. 국가가 힘이 없을 때 백성이 겪을 수밖에 없는 고초에 대해서 너무 무신경한 현실을 심히 염려하면서 하루속히 통일이 되어 동족상잔의 비극은 뿌리째 뽑아버리고 나라의 힘을 키워 지난날과 같은 수모를 다시는 겪지 않을 굳건하고 부강한 나라가 되기를 기원한다.

식민지의 중견 관료로서 그 한계 상황에서 최대한 민족의 자존과 문화유산을 지키려 애썼던 아버지의 분투노력 또한 어찌 아버지 혼자만의 몸짓이며 애환이었겠는가? 그 당시 비슷한 상황의 여러 어른들의 마음을 함께 담아 역사는 역사대로 찾아서 전하고 지켜주기 바랄 뿐이다.

부족한 글로 부모님을 욕되게 한 부분은 없는지 송구스러운 마음이지만 이 모습 이대로 두 분의 영전에 사죄하며 감사하는 마음을 담아 무릎 꿇고 바치는 바이다.

아들 해준과 조카 병남, 병국이 힘을 실어주며 도와준 일을 부모님께 보고 드린다. 흐뭇한 마음을 아버지 어머니도 함께 하시면 좋겠어서 첨언한다.

• 年 譜

아버지 : 오해건(吳海建)

1897년 2월 5일(음) 전북 김제군 성덕면 묘라리 180번지에서 오인호(麟鎬)(해주), 풍천 임(任)씨의 차남으로 출생

1909년 전주 최씨와 혼인

1916년 판임관 시험 합격

1916.- 전라북도 도청 및 관내 군청 근무(도청 지방과 등)

1917. 5월 7일(음)장남 영모(泳模) 출생

1932.1.- 1936.12. 전라북도 임실 군수

1936.1.- 1938 12. 전라북도 김제 군수

1938.7. 부인 전주 최씨 타계, 사별

1938. 12. 정하경(鄭河景)(동래)과 혼인

1939.1-1943.1 전라북도 남원 군수

1942.2.13(양). 장녀 경자(敬子) 출생

1943.2.- 조선목재주식회사 전북 지사장

1945.9.- 조선목재주식회사 본사 인원으로 상경

1948 조선 광업주식회사 설립

1949. 홍국산업개발주식회사 창립

1950. 5. 30. 제2대 국회의원 선거에 김제에서 입후보, 낙선

1950. 9. 4. 서울 중구 저동 2가 14번지 자택에서 북괴에 납북 당함

어머니 : 정하경(鄭河景)

1913. 10.23.(음) 전북 완주군 용진면 구억리에서 정우경(동래), 유성녀(전주)의 2녀, 6남매 중 막내 딸로 출생

1937. 경성여자 상업학교(현재 서울여자 상업고등학교) 졸업

1938. 12. 전북 김제 군수 오해건(吳海建)과 혼인

1942.2.13(양) 장녀 경자(敬子) 출생

1950.9.4. 남편 오해건의 납북으로 생과부 됨

1968.8.9.(음) 서울에서 타계

오경자 수필집
신원확인

2014년 12월 25일 초판 발행
2015년 02월 25일 재판 발행

지은이 / 오경자
발행인 / 강석호

발행처 / 도서출판 교음사
편집 / 隨筆文學社 出版部

110-775 ·서울 종로구 삼일대로 457 수운회관 1308호
Tel (02) 737-7081, 739-7879(Fax)
e-mail : goessay@kornet.net
등록 / 제300-2007-52호

* 잘못된 책은 교환해 드립니다. 값 10,000원

ISBN 978-89-7814-652-4 03810